Dewezel/Menestrel · Freiklettern

Stephane Deweze
Marc Le Menestrel

Freiklettern

Technik · Taktik · Training

Pietsch Verlag Stuttgart

Einbandgestaltung: Gunar Braunke unter Verwendung eines Dias des Verlages rotpunkt

Alle Photos in diesem Buch stammen aus Reportagen von Olivier Grünewald. Die Zeichnungen sind von Paule Guillot und Maurice Espérance, das Modell von Corinne Leveuf.

Die französische Ausgabe ist dort erschienen unter dem Titel »Escalade Libre«
Die Übersetzung ins Deutsche besorgte: Mireille Berg-Sigal

ISBN 3-613-50134-1

1. Auflage 1991

Ein Unternehmen der Paul Pietsch-Verlage GmbH & Co.

Satz: Vaihinger Satz + Druck, 7143 Vaihingen/Enz
Druck: Rems Druck, 7070 Schwäbisch Gmünd
Bindung: E. Riethmüller, 7000 Stuttgart
Printed in Germany

Inhalt

Ich möchte ganz besonders Frank Scherrer danken für seine Hilfe beim Kapitel »Heimtraining«, Thierry Ducrot beim Kapitel »Kletterpathologie« sowie David Chambre für seine Unterstützung im allgemeinen.

Marc Le Menestrel

Extreme Schwierigkeit im »Minimum« (8b/c) in Buoux.

Einleitung

Klettert man eigentlich schon immer? Nein, erst seit prähistorischer Zeit, als die ideale Zufluchtsstätte eine Höhle mitten in einem Felsen war. Manchmal halfen in Löcher eingeschlagene Holzstücken beim Fortbewegen. In Mali, bei den Telemen, wurden Überreste von Wohnungen in rätselhaften Höhlen gefunden, die man heute nur über Touren des 6. Schwierigkeitsgrades erreicht. Wie haben die das damals gemacht? Das bleibt wohl ein Geheimnis...

Die Kluft zwischen dieser prähistorischen Flucht in die Höhe, bedingt durch eine feindliche Natur, und dem heutigen freien Klettern, das seine Ursache oft in einer menschenfeindlichen Zivilisation hat, ist technisch und kulturell ebenso tief wie die Kluft zwischen der zufälligen Entdeckung der Reibung zwischen zwei Feuersteinen und der Beherrschung der Kernspaltung. Ist denn nun das freie Klettern einer Expertenelite vorbehalten?

Für den Nichteingeweihten sind die Fortbewegungsmittel eher schleierhaft: die einen behaupten, man müsse mit Muskelkraft an Seilen nach oben klettern (wer mag sie wohl dort befestigt haben?); andere behaupten, daß man sich unbedingt solide, rostfreie Krampen anlegen muß, oder sogar ein unsichtbares Leiternsystem anbringen soll. Diese Stilblütensammlung ist so vielfältig wie unerschöpflich!

Aufmerksame Beobachter, zumeist verblendete Fernsehzuschauer, die stolz darauf sind, das Schlagwort zu kennen, fragen uns oft, ob wir auch mit bloßen Händen klettern. Wir halten ihnen beständig entgegen, daß wir noch nicht soweit sind und als bescheidene Anfänger dem aggressiven Felsen lieber mit Boxhandschuhen entgegentreten, um uns nicht die Hände zu ruinieren...

Die Erfindung des modernen Sports durch begüterte, moralistische und oft müßige Engländer reicht ins 19. Jahrhundert zurück. Die Einführung des Kletterns als eigene athletische und vielleicht bald auch als olympische Disziplin ist dagegen ganz neu.

Das Klettern, das vormals einfaches Freizeitvergnügen für abgeklärte Amateure war, die damit nicht ihren Lebensunterhalt verdienen mußten, oder das bestenfalls ein Broterwerb für einige Bergführer war, hat in wenigen Jahren eine fabelhafte Mutation durch die Entwicklung zum Professionellen erfahren. Noch vor zehn Jahren wurden alle Bereiche dieser Branche von René Desmaison vertreten. Heute dagegen geben die neuen Stars des freien Kletterns, wenn sie auch nur eine Handvoll sind, den Ton an, führen genaue Regeln ein und entfalten vor großem Publikum das neuartige Bild eines aufregenden Spiels ohne Zugeständnisse. Die Massenmedien stürzen sich auf diese Schwärmerei, die Verbraucher reagieren: d.h. viele von ihnen wollen aktiv mitmischen. Der Kreis ist geschlossen und alle Bedingungen sind vorhanden, um einen spektakulären und dauerhaften Boom herbeizuführen.

Durch die letzten Wettkämpfe war es möglich, das Interesse an diesem völlig neu belebten Sport zu verstärken, aber auch sein Wesen besser zu verstehen. Schauen Sie sich also ruhig einen solchen Wettkampf an, denn es gibt immer mehr davon, und Sie werden feststellen, daß viele der in den Wettkämpfen angewandten Kriterien auch für das »tägliche« Klettern Geltung haben. Zunächst, und das ist der Hauptunterschied zu anderen Sportarten, spielt die Stoppuhr keine entscheidende Rolle. Sie dient nur dazu, eventuell bei Punktgleichheit den Ausschlag zu geben oder zu vermeiden, daß einige an den Haltepunkten einschlafen. Als Ausrichter von Wettkämpfen behalten nur noch die Sowjets die Stoppuhr bei.

Klettert man für sich allein, spielt die Zeit keine Rolle. Wer liebt, rechnet nicht. So dient z. B. die genaue Zeitberechnung einer Route, die man gut kennt, nur als Orientierung, um festzustellen, ob man in Form ist oder Fortschritte gemacht hat. Wenn Sie jedoch mehrere Wochen benötigen, um eine extreme Route zu meistern, wird niemand etwas daran auszusetzen haben. Denn was zählt, ist die Suche nach einem immer größeren Schwierigkeitsgrad. Immer kleinere Haltepunkte, immer größere Krümmungen erlauben es dem strebsamen Kletterer, sich immer mehr seinem Ideal anzunähern: einem glatten Dach ohne Spalten... Dafür muß man lange »arbeiten«, aber wir werden sehen, daß es keine Plackerei ist.

In naher Zukunft werden einige Wettkämpfe diesen Schwierigkeitstyp einbauen. Im Moment halten sie am ursprünglichen, natürlicheren Klettern fest: dem Klettern auf Sicht. Hier rechnet man nicht mehr in Tagen oder Wochen, sondern in Minuten: man bricht unten an einer Route auf, um sie ganz zu erklettern, ohne sie vorher zu kennen. Der Schwierigkeitsgrad liegt zwangsläufig unter dem einer vorbereiteten Route, auch wenn die geforderten Qualitäten genauso bedeutend sind, aber Resultate und Befriedigung stellen sich sofort ein. Wir haben die beiden großen Bereiche des modernen freien Kletterns kennengelernt: das Klettern auf Sicht und das Klettern auf vorbereiteten Routen. Das Umfeld, in dem sie sich abspielen, ist aber ein und dasselbe. Selbst wenn sich der Kletterer allein am Felsen befindet, wird ihn sein Seil, unter welchen Umständen auch immer, am Leben halten und es verbindet ihn auch sehr eng mit dem, der es hält. Erfolg oder Scheitern eines Unternehmens können von der Art der Beziehungen abhängen, die man zu seinem Sichernden und, im weiteren Sinne, zu der gesamten Umgebung hat. Man selbst wird natürlich lieber denjenigen ermutigen, der einen in einem schweren Moment moralisch unterstützt hat, als denjenigen, der spottet. Und ihm wird es genauso gehen. Beim Klettern beschneidet man also das individuelle Vergnügen, ist aber in einer soliden und fröhlichen Gemeinschaft. Bei Wettkämpfen kann man, auch wenn das Publikum ruhig ist, leicht an dessen Gemurmel oder der aufgelösten Spannung erkennen, wer sein Favorit ist. Dieser wird, in dem Gefühl, unterstützt zu werden, größere Lust haben, sich selbst und dem Publikum das zu geben, was es erwartet: ein schönes Klettererlebnis und einen Sieg. Er hat natürlich mehr Glück als ein Unbeliebter. Der Wettkampf hat übrigens den seltsamen Effekt, die Beziehungen zwischen den besten Kletterern zu vereinfachen und zu klären, die sich traditionell eifersüchtig gegenüberstehen. Heute läßt sich mehr gegenseitiger Respekt feststellen und weniger die Tendenz, die Tatsachen zu verbiegen. Beim Klettern ist übrigens kein Inkognito möglich. Die Stars klettern oft nur zehn Meter entfernt von Ihnen. Sie befinden sich nicht unerreichbar auf Privatgelände! Jeder kann sich dazu stellen, um sich zu informieren oder über dies und das zu diskutieren. Gerade an Felswänden herrscht so etwas wie familiärer Geist. Lediglich Toleranz ist gefordert.

Früher war das Klettern ein Privileg der Elite, denn die Alpen waren weit und das

Vergnügen und Schwindelgefühl: Debiloff (6c) im Verdon.

Material teuer, aber heute ist es für jeden Geldbeutel erschwinglich. Und vor allem für jede Mentalität. Nichts ist einfacher, als auf einem Felsen Gleichgewichtskünstler zu spielen. Das Kind, das niemals in einen Baumwipfel gestiegen ist, werfe den ersten Stein! Um gut zu klettern, ist eine todesverachtende Einstellung längst nicht mehr nötig. Schwere Unfälle sind selten geworden und werden immer seltener. Für uns ist die Sicherheit die logische Folge der Freiheit. Jedes Glied der Kette ist zuverlässig. Das Material ist vollständig erprobt. Damit ein Seil reißt, müßte man sich mindestens Betonklötze an die Füße hängen, was wenig praktisch und wenig kleidsam wäre, und aus großer Höhe herunterspringen. Die Routen sind von allen Felsstücken oder gefährlichen Splittern gereinigt und für einen Aufenthalt solide ausgestattet. Man kann ganz ruhig und sogar komfortabel fallen. Dagegen werden die technischen Anforderungen immer größer. Was Marc Le Menestrel heute tut, war fünf Jahre vorher einfach unvorstellbar. Je höher das Niveau des Kletterers wird, umso mehr muß er sich ganz in seine Leidenschaft einbringen. Das Klettern wird mehr als eine Leidenschaft: es wird eine äußerst einnehmende Lebensart. Das Training des Kletter-Champions, in Intensität und Regelwerk dem des Spitzensports nachgebildet, fordert von ihm Stunden und Jahre körperlicher Vorbereitung, moralischer Beharrlichkeit und geistiger Beherrschung. Sicher, niemand ist gezwungen, ein gedrängtes Programm einzuhalten. Jeder kann das Klettern als Amateur betreiben. Sie brauchen sich keinesfalls ein Metermaß zu kaufen, um jede Woche die Entwicklung Ihrer Bizepse zu kontrollieren. Die Sie haben, werden

David Chambre in Buoux.

Der Verdon, mythischer Ort und Wegbereiter des freien Kletterns in Frankreich.

auf jeden Fall reichen, um an den Felsen Ihr Vergnügen zu finden. Unser Ziel ist einfach, Ihnen alle nötigen Elemente für einen schnellen und optimalen Fortschritt zu vermitteln. Denn Klettern ist für alle da.

Die Autoren

Blick auf eine Familie

Als ich Marc Le Menestrel im Frühjahr 1986 bei einer Diskussionsrunde über das freie Klettern kennenlernte, die von der Zeitschrift »Vertical« organisiert worden war, hatte er gerade in Buoux den berühmten »Minimum« (8b+) eingerichtet, die Route, die im nachhinein zum Prüfstein für Schwierigkeitsgrade wurde.
Als ich ihn so sah, wie er unermüdlich probierte, fiel, wieder hochstieg, einen Haltepunkt säuberte, ohne daß irgendetwas ihn hätte ablenken können, da hielt ich ihn, ehrlich gesagt, eher für krank. Und ich hatte Lust, ihn zu fragen, wie in dem Chanson von Higelin: »Dieses Minimum, ist das alles, was Du kannst?«
Dann ging ich an den Anfang der Route, ganz dicht an den Felsen. Ich stellte zum einen fest, daß ich den oberen Teil nicht sehen konnte, ohne mir den Hals gefährlich auszurenken, so steil war es; und außerdem bemerkte ich, daß ich, um den ersten Haltepunkt zu erreichen, auf meinen Klapphocker steigen mußte. Der Start sei jedoch das einfachste, flüsterte man mir freundlich zu... Gut, ich hatte verstanden, es hatte sich was verändert im Reich des Kletterns! An diesem Tag ist es ihm nicht gelungen. Es war zu hart. Da konnte niemand Erfolg haben.
Dann sind wir gemeinsam verschiedene Projekte angegangen. Dieses Buch, eine schwere Geburt, war nicht das leichteste davon. Aber im Lauf einer Tour durch Spanien, immer auf Kosten des Vertical, konnte ich wirklich sein ungeheures Klettertalent und seine sehr persönliche, positive, bereichernde Art, an das Klettern heranzugehen, hautnah erleben. »Mens sana in corpore sano.« Die härtesten Routen bewältigte er in perfektem Stil und in Rekordzeit. Ich war noch verblüffter als die Spanier!
Aber ich möchte hier nicht das Loblied auf den großen Champion Marc Le Menestrel singen. Ich möchte Ihnen lieber von seiner Familie erzählen. Eine beispielhafte Familie, weil jedes Familienmitglied zum Spaß klettert... um des Kletterns willen... Nun, das ist schließlich dasselbe!
»Krise? Kenn' ich nicht!« Das könnte der Wahlspruch über der Tür der Familie Le Menestrel sein.
Ein angenehmes Vororthäuschen, auf halber Strecke zwischen Paris und Fontainebleau. Ein strategisch günstiger Punkt zwischen der Arbeit und der Leidenschaft, dem Klettern.
Die Eltern haben beide ihre Arbeit. Und sie gehen voll darin auf. Hélène, 46, ist Frauenärztin. Jacques, 49, ist Leiter des Institut géographique national, das uns mit allen nötigen Karten ausstattet.
Hélène und Jacques haben drei Kinder, die dicht aufeinander folgen: Antoine, der Älteste mit 22 Jahren, Marc, 20, und Sévérine, 16. Alle drei haben studiert, studieren

oder werden noch studieren. Beide Eltern arbeiten, drei Kinder, darunter eine Tochter: eine völlig normale französische Familie. Fast wie in Amerika, könnte man meinen. Aber das ist bei ihnen kein Schein: man wird sich, über das leichte und aufrichtige Lächeln und Gespräch hinaus, schnell darüber klar, daß in dieser Familie das wesentliche Bindeglied das Klettern ist.
Jacques sagte nicht: »Du wirst Kletterer, mein Sohn«, wie andere, die, wenn sie ihren Rappel kriegen, auf einem mehr oder weniger gestimmten Klavier genauso herumhämmern wie auf ihrem zukünftigen Wunderkind. Wofür? Um einen Feld-, Wald- und Wiesen-Amadeus daraus zu machen?
Nein. Jeder in der Familie Le Menestrel hat den Virus. Manche in milder Form, andere sind unheilbar. Aber alle haben sie ihn.
Man wundert sich nicht über eine Familie von Tennisspielern oder Skiläufern. Aber eine Familie von Kletterern? Wozu hängt sich eine ehrenwerte Ärztin mit bloßen Fingern an Felsen, die sie umbringen könnten? Unerhört, oder?
Und da fallen auch schon die Mythen zusammen: nein, man braucht keine Würgerhände, um sich hochzuziehen; nein, man braucht nicht Rambo oder Ramba zu heißen, um sich dem heimtückischen Dschungel der Felsen zu stellen... Es reicht, wenn man Lust hat, sich zu amüsieren und sich als normaler Mensch fortzubewegen...
Jacques hatte schon immer eine Klettererfigur. Er gehört zu den Menschen, die sich um des Vergnügens willen eifrig einer Sache hingeben, und nicht um Schlagzeilen zu machen. Er verwendet unermüdlich seine Freizeit darauf, den Wald von Fontainebleau, die Saussois-Felsen und sogar das hohe Gebirge zu durchstreifen. Unauffällig wiederholt er die schwierigen Routen. Man zeigt nicht auf ihn, er wird respektiert.
Zumal er nicht stagniert und nicht in einem vermeintlichen Kletterdogma erstarrt: er verfolgt alle Entwicklungen und paßt sich an.
Der Legende nach verbrachten Hélène und er ihre Flitterwochen in Fontainebleau.
Auf jeden Fall war Hélène bei jedem Abenteuer dabei. Sie überforderte ihr Talent nicht, kletterte manchmal voran, aber das ist nicht so wichtig: sie klettert, wo und wann es ihr Spaß macht. Und es macht ihr Spaß! Warum? Weil es eben ganz natürlich ist!
Auch für Antoine war alles nur ein Spiel. Ihr Spiel, in dem er und sein Bruder, immer Komplizen, sich hervortaten. Wenn die beiden Knirpse ihre Tour über das Dach ihres Elternhauses machten und sich dabei an den Fensterstürzen anhakten, oder als sie sich in einer höllischen Premiere mit einer aufs Minimum reduzierten Ausrüstung auf die Sahara warfen, so geschah das nicht so sehr, um den (kleinen) familiären Verboten zu trotzen, es war vielmehr die Belohnung für eine angenommene Wette.
Antoine hat sich, wie sein jüngerer Bruder, gerade auf eine andere Art von Wette verlegt: sie streben effektiven und wohlverstandenen Professionalismus an. Ich persönlich würde nicht zu entscheiden wagen, wer von den beiden der bessere ist. Beide sind Spitze. Weltspitze. Beide sind Meister. Sie werden sicher zu Konkurrenten werden, und der Name Le Menestrel läuft Gefahr, in den nächsten Jahren auf nicht wenigen Siegertreppchen vertreten zu sein. Im Wettkampf wird vielleicht der eine gewinnen. Ich glaube aber nicht, daß der Wettkampf sie entzweien wird...
Und die Kleine, Sévérine? Also dazu äußert man sich noch nicht, denn, Sie verstehen, sie ist erst 16... Man wird noch etwas warten müssen, bis sie am 8a herumklettert oder den Star spielt; erst mal die Schule. Die Familie braucht schließlich auch einen »Normalen«. Und dann ist das Klettern für Mädchen weniger leicht, weniger vertraut, weniger bekannt. Aber seien Sie sicher, sie ist so süß, daß die netten Kumpels ihrer Brüder nicht zögern, sie in einen oder vielleicht auch zwei 7er mitzunehmen. Wenn sie

nicht diejenige ist, die die anderen dazu überredet.
Schon immer klettert die Familie Le Menestrel mit Allradantrieb. Und das Differential ist wirklich OK. Schon beim geringsten Rutschen, beim geringsten Nachlassen der Bodenhaftung bei einem von ihnen übernimmt ein anderer und ermuntert die anderen durch sein Beispiel. Es gibt keinen Grund, weshalb das aufhören sollte. Unfälle? Niemals. 100% Rabatt.
Oh, ich vergaß! Im Herbst hat Marc den »Minimum« besiegt. Ich hättte gerne seine Freude gesehen. Mit 49 Jahren hat Jacques gerade seinen ersten 8a bezwungen. Und er gedenkt, seinen 50. Geburtstag zu feiern, indem er sich an einen 8b hängt; er findet bestimmt in seinen Söhnen, Meistern in dieser Kunst, erstklassige Coaches und Anhänger.

Ein Tag in der Sonne

Wir waren kaum in Montserrat angekommen, da rannten wir schon los. Das macht man nicht in Spanien. In der prallen Mittagshitze schlichen die Touristen den Berg hinunter. Bleiche Teutonen gönnten sich unvergeßliche Hot-dogs und heißblütige Madrider fromme Heiligenbilder aus Eßpapier, das Stück zu 200 Peseten.
Wir aber stürzten los. Geradeaus. Die Legende behauptet, daß auf einer der beachtlichen Sedimentgesteinshalden die schwierigste Route von ganz Spanien liegt. Ein 8b. Der 8b. »Vuelo a ciegas«, was ich mit »Flug ohne Sicht« übersetzte… Vielleicht irre ich mich.
Mit meinem Beamtenbauch lief ich schnell und auf gut Glück Hunderte von uralten Stufen hinauf – wobei ich so tat, als müsse ich nicht keuchen – auf irgendeinen Vorsprung zu, hinter dem der berühmte 8b versteckt sein sollte. 8b, eine Nummer, die für mich nicht mehr bedeutete als ein Tie-break im 5. Satz für einen Nicht-Tennisspieler oder ein Strafstoß für einen unwissenden Nicht-Fußballspieler. Über diesen »Flug ohne Sicht« hatten wir keine genauen Informationen.
Marc folgte ohne Mühe, elastisch und wendig. Sein geübtes Auge durchforstete die zahllosen 8b-Wände von Montserrat und suchte die eine, die schon vorbereitet war. An dem Tag sind wir genau daran vorbeigegangen, aber wir haben sie nicht gefunden. Am Abend jedoch, als man sie uns zeigte, sahen wir nur noch sie. Sie war ganz offensichtlich da. Aber kommt man nach Montserrat, einem bedeutenden sakralen Zentrum, um einen profanen 8b zu erklettern? Man kommt, wie in jeden Felsen, um sich selbst zu bestätigen.
Um jedoch ein guter Kletterer zu sein, d.h. die subtile und wechselnde Alchimie des 8b+ zu beherrschen, genügt es nicht, sich mit sich selbst zu beschäftigen. Das ist zu menschlich, zu wenig, man muß die Harmonie mit dem Felsen suchen.
In Montserrat ist das einfach. Kein Architekt, kein Bildhauer würde, nicht einmal in seinen kühnsten Träumen, an das wundervolle Durcheinander aus Türmen, Zigarren, Gebirgsknoten, Ungleichgewicht, Kreisen, Umrissen herankommen… Unglaubliche Geometrie, unendliche Symbole.
Kein Mensch wird je behaupten können, er habe jeden Stein von Montserrat bestiegen. In Montserrat klettern heißt in einer Wolke klettern. Der Felsen selbst gleicht einer Wolke. Wenig standhaft, flockig. So scheint es wenigstens.
An dem Tag sind wir nicht geklettert. Wir sind ins beste Restaurant gegangen, ein ausgehöhltes Gewölbe direkt am Felsen, und wir haben gelacht und getrunken und in der Dämmerung haben wir die Wolke von Montserrat besungen. Beethovens Mondscheinsonate hätte nicht pathetischer klingen können…

Übrigens, Klettern an sich reicht nicht aus. In den großen, brachliegenden Steinfeldern kann der Mensch seine eigenen Wurzeln wiederfinden. Eine Klettertour ist wie eine private Filmvorführung, in der man selbst der einzige Schauspieler und der einzige Zuschauer ist. Wenn das Drehbuch verunglückt ist, macht man sich nur vor sich selber lächerlich. Man befindet sich gleichzeitig auf der Leinwand und im Sessel.
Klettern, das bedeutet, wieder zu lernen, in das ursprüngliche Leben einzutauchen, Kopf und Muskeln gleichermaßen angespannt. »Das ursprüngliche Leben!« Das kann nach einem leeren Begriff mit »grünem« Anstrich aussehen. Aber wer an einem klaren Morgen lange vor der frei gewählten Route sitzt, der weiß, wovon die Rede ist.
Klettern, das ist ein bißchen wie Gärtnern. Nach einem harten 7c hat man den gleichen angenehmenMuskelkater wie nach einer eifrigen Kartoffelernte. Übrigens, eine Route läßt sich gut verdauen. Genüßlich.

Wenn Sie sich entscheiden zu klettern, werden Sie nie wieder vor einem leeren Schreibtisch herumsitzen, noch sich vor kleinmütigen Konventionen ducken. Sie werden auf der Senkrechten stehen. Und sich mit derselben Geschwindigkeit wie sie fortbewegen. Sehr schnell. Und sehr sanft. Sie wird nicht länger bremsen, sie wird beschleunigen...
Hunger. Hunger nach Sensationen, Hunger nach Leben, Hunger nach Leere, Hunger nach Fülle. Ein Kletterer ist kein Paket aus Muskeln, Wasser und Nerven, das für den Fleischer an der Ecke bestimmt ist. Er bringt die Fülle eines Sonnentages mit nach Hause.
Der Kletterer, der die Fülle einer Klettertour einzufangen weiß, ist der genügsamste und stärkste. Der beste Kletterer der Welt genießt die Frische reinen Wassers, das ihm die Kehle hinunterläuft, die heftige Sonne des Südens, die bis zur Ermüdung auf ihn herabbrennt, den Schauer des zu kalten Wassers im morgendlichen Gebirgsbach; er läßt sein Lachen erschallen mit seinen treuen Freunden oder den Weggefährten, die ihn vielleicht an andere Zeiten mit anderen Freunden erinnern...
Der 8b war unterdessen immer noch da. Jedem Tierchen sein Pläsierchen. Jedem seinen »Flug ohne Sicht«. Die schwierigste Route Spaniens ist vielleicht nicht soviel wert wie Venedig im Karneval, aber es ist nun mal die schwierigste Route Spaniens. Wir wollten sie zu viert bezwingen. Marc konnte es, aber wir wollten es alle.
Wir dachten nur daran. Während die Mönche für unser Seelenheil beteten, zelebrierten wir unsere eigene Messe... Der Photograph hütete sich davor, auf die schlechten Lichtverhältnisse zu schimpfen, der Sichernde auf Marcs Schatten und ich auf die Halbschatten. Im Gegenteil. Wir ermunterten Marc. Er hat es schnell und gut geschafft. Für sich selbst, für uns? Das ist unwichtig. Auf jeden Fall *für* etwas. Später sind alle geklettert. Und wir haben es genossen. Bis zum Schlafengehen. Wir haben nicht einen Tag ausgefüllt, wir haben uns selbst ausgefüllt, einen ganzen Tag lang. Und das Faß hat keinen Boden.

Stéphane Deweze

TECHNIK

Klettern – aber wo?

Einleitung

Der Alpinismus hat als Sportdisziplin seinen Namen von seinem Betätigungsfeld: den Alpen. Der Begriff wurde auf das Bergsteigen allgemein erweitert. Aber seit gut zehn Jahren, als das freie Klettern aufkam, oder besser wiederaufkam, wird das Klettern nicht mehr zum Alpinismus gerechnet und begnügt sich mit einzelnen, unzusammenhängenden »Spielplätzen«. Blöcke, Felswände und künstliche Strukturen, das ist letztendlich nicht das Wichtigste. Einzig die selbst auferlegten Regeln bestimmen das Spiel. Jeder wird ein paar Schritte von zu Hause das ideale Terrain für seine neue Leidenschaft finden. Dann kommt der große Tag, an dem Sie ohne viel Aufhebens Hunderte von Kilometern wegfahren, um sich anderen Orten und anderen Kletterern zu stellen.

Block

In Fontainebleau, bei Paris, entstand zu Anfang dieses Jahrhunderts diese Art des Kletterns, zunächst als Randerscheinung. Und dort nahm sie auch ihren Aufschwung. In den 50ern mühten sich schon Wegbereiter wie Robert Paragot oder Lucien Bérardini auf diesen lächerlich wirkenden Blöcken ab, die nur selten höher als sechs Meter waren. Weshalb Wegbereiter? Anscheinend haben gerade auf diesen Blöcken die Kletterer zum ersten Mal versucht, immer schwierigere Passagen ohne künstliche Hilfe zurückzulegen. Gerade das aber ist das Wesen des freien Kletterns. Fontainebleau hat tatsächlich beachtliche Vorteile, seine Nähe zu Paris, die angenehmen Wälder, der Sandboden, und die Beschaffenheit des Sandsteins selbst, der eine ungeheure Vielfalt an Kletterpassagen bietet und sehr widerstandsfähig gegen Abnutzung und Ausbrechen

von Haltepunkten ist. Das ist bei Kalk nicht der Fall. Wenn auch Fontainebleau der privilegierte Ort bleibt, so bieten doch auch andere Gegenden herrliche und beinahe unerschöpfliche Kletterpassagen mit Blöcken wie die Martinswand in den Vogesen (Sandstein), Ailefroide bei Briancon (Granit), der Montets-Paß oberhalb von Chamonix (Granit) oder Orpierre in Südostfrankreich (Kalk). Und viele andere auch! Vielleicht finden Sie sogar in Ihrem Garten einen Block, der, einmal gereinigt, zu Ihrem Geheimnis wird... Der Block ist zum Klettern das »kahlste« und folglich zugänglichste Terrain. In allen Gegenden behauptet sich der Block als eigenständige Praktik, wenn auch weniger stark als in Fontainebleau und obwohl viele ihn nur als Übungsgelände für Felswände benutzen. Das ist vielleicht die Folge davon, daß Kalk- oder Granitblöcke viel weniger geeignet sind als der Sandstein in Fontainebleau: da gibt es dann nicht genügend Blöcke, manchmal gefährliche Stürze, zu große Höhen oder auch brüchige Haltepunkte.

Oben: Sobald die Passage schroffer wird, haben die richtige Stellung und die Kraft in den Fingern Vorrang. Im »Gymnopédie« (7c).
Ganz links: Fontainebleau, Winterparadies
Links: Eine typische Passage in Fontainebleau: rissige Felsplatten, kleine Fußhaltepunkte und unübliche Plazierungen.

Felswand

Da, wo der Block aufhört, beginnt die Felswand. D.h. sobald es nötig wird, sich zur Sicherheit anzuseilen. Ziel ist auch hier, wie beim Block, nicht, bis zum Gipfel vorzustoßen, sondern den schwierigstmöglichen Weg zurückzulegen. Eine Felswand ist, selbst wenn sie senkrecht ist, nicht von vornherein schwierig, wie die meisten uneingeweihten Zuschauer glauben. Sie ist von mehr oder weniger schwierigen Routen durchzogen, die jeweils ihre Eigenheiten haben. Frankreich ist ganz besonders privilegiert, was Zahl und Qualität seiner Felswände angeht. Die direkte logische Folgerung daraus ist die Zahl und Qualität seiner Kletterer von höchstem Niveau... ganz zu schweigen von denen, die es werden wollen, so wie Sie. Sicher, zur Zeit gibt es Gegenden, die besser ausgestattet sind als andere, aber die meisten sind sehr vielversprechend, und es gibt bald kein Mäuerchen mehr, keinen Schotterhaufen, keine Kathedrale und keinen Turm, die nicht bis in ihre letzten Ecken und Ritzen erforscht wären. Jedenfalls ist heute die Gegend, die bei den Kletterern aus aller Welt am beliebtesten ist, die Südostecke Frankreichs. Dank ihrer besonderen Felswände wie die Gorges du Verdon, Buoux, Mouriès, Sainte-Victoire und noch viele andere besitzt diese Gegend ein märchenhaftes Vorkommen an Kletterrouten. Die Schönheit der Gegend, das milde Klima, die zugänglichen Felswände, die Qualität und die Verschiedenartigkeit des Kalks, der anerkannte Ruf des hohen Schwierigkeitsgrades: die Maßstäbe sind hier sehr hoch. Ein weiteres besonders aufregendes Kalkgebiet ist die Gegend von Auxerre. Burgund besitzt in der Tat interessante Felswände in der Nähe von Paris wie Saussois, Surgy, Saffres, Cormot usw. Leider ist das Klima dort nicht so mild wie im Süden, aber die Qualität der Dauerausstattung macht sie trotzdem zu

Linke Seite: Noch steiler! Der ganze Körper reckt sich dem rettenden Haltepunkt entgegen, »le toit du cul du chien« (etwa: Hundehinterndach) (7a). Oben: Reinheit der Linie, Schönheit der Formen, sonniges Vergnügen: »roses de sables« (Sandrosen) in Buoux. Unten: Wenn Schwierigkeit und Vergnügen eins sind: David Chambre in »no man's land« (Niemandsland) in Buoux.

Das Orten der Fußhaltepunkte, die man einen Meter weiter oben benutzen wird, danach ist es zu spät.

geschätzten Gebirgen. Saussois steht sogar, historisch gesehen, am Ursprung der ganzen Entwicklung. Es gibt wohlgemerkt viele andere Gegenden, die Sie auf detaillierten Karten entdecken können, oder in zahlreichen Artikeln über neue Felswände, die in »Vertical« oder anderen Fachzeitschriften erscheinen. Und bald wird dank Ihrer neuen Beziehungen die Flüsterpropaganda das wichtigste Informationsmittel werden!

Künstliche Strukturen

Ihre Entfernung zu den Städten und die klimatischen Ungewißheiten machen die Felswände zu Kletterorten, die nicht immer gut zugänglich oder wenig geeignet sind zum systematischen Training und der Heranführung der Jüngsten an das Klettern, sei es im Rahmen der Schule oder einem Ferienlager. So entstand, zunächst in England, dann sehr schnell in Frankreich, die Idee, künstliche Kletterbauten zu errichten. Oder, einfacher, schon bestehende Mauern, Brückenpfeiler oder städtische Bauten als besonders praktische und sichere »Spielplätze« zu nutzen. Die Idee war nicht, künstliche Felswände zu bauen, sondern einen ganz eigenen, neuen Tummelplatz zu schaffen. Es gibt eine Vielzahl an Arten von Klettermauern, die jeweils für ein bestimmtes Publikum gebaut wurden. Eine der ersten Ideen war es, Bauten aus Holz, Beton, Ziegelsteinen oder Stein zu errichten mit eingehauenen oder hinzugefügten, also starren Haltepunkten. Man sieht aber mehr und mehr, daß diese Art sehr schnell keine Abwechslung mehr bietet. Heute zeichnet sich ein Trend zu Mauern mit veränderbaren Haltepunkten ab, wodurch sich Routen aller Schwierigkeitsgrade anlegen lassen und das Verrutschen von dauerhaft befestigten Haltepunkten unterbunden wird. Vor allem Initiativen wie dem Wettkampf »indoor« von Vaulx-en-Velin vor Lyon ist es zu verdanken, daß die Mauer beim Klettern und beim Publikum einen wichtigen Platz einnimmt. Sie erlaubt es den Anfängern, sicher zu klettern, ohne dabei zu hoch oder zu weit klettern zu müssen, und der erfahrene Kletterer kann jederzeit trainieren. Aber es ist unwahrscheinlich, daß das Klettern an künstlichen Strukturen eine eigene Disziplin wird. Ihm fehlt im Gegensatz zum natürlichen Klettern der Aspekt, im Freien zu sein, und der Kontakt mit dem Gestein. Vergessen wir nicht, daß

das Klettern vor allem ein gutes Mittel ist, den Städten zu entfliehen... Deshalb kann man die Mauer nur als Einführung oder Training betrachten. Für diejenigen, die an der Mauer das Klettern lernen, ist es wesentlich, so bald wie möglich das Klettern an Felswänden auszuüben, wenn sie an all dem, was ihnen dieser Sport geben kann, teilhaben wollen.

Oben: Skulptur in der Stadt: eine Kletterstruktur par exemple!
Unten: künstliche Strukturen: das Klettern ist nicht künstlich.

CONNELLES
LA ROQUE
CLÉCY
MORTAIN
POINTE DE PEN-HIR
FONTAINEBLEAU
LA MARTINSWAND
LE SAUSSOIS
SURGY
SAFFRES
FIXIN
CORMOT
BEAUVOIR
ANGLES/ANGLIN
LE SALÈVE
LA CHAMBOTTE
LES EAUX CLAIRES
LA RANCUNE
CHAMALIÈRES
BUIS-LES-BARONNIES
St-ANTONIN-NOBLE-VAL
GORGES DU VERDON
BUOUX
LA LOUBIÈRE
MOURIÈS
BAOU DE St-JEANNET
LE CAROUX
Ste-VICTOIRE
BAOU DES 4 OURO
CIMAÏ
URDOS
TROUBAT

*Sie finden alle zusätz-
lichen Informationen in
dem Buch »Guides des
écoles d'escalades et
autres lieux grimpables
de France« bei F.F.M. oder
Co.Si.Roc.*

*Marc Le Menestrel bei
einem Phototermin in
Mouriés.*

Das Material

Einleitung

Persönliche Ausrüstung: Hose, T-Shirt, Anseilgurt, Expreß-Schlingen mit Karabinern und Magnesiabeutel.

Für das Material, das der einzelne zum Bergsteigen im Hochgebirge unbedingt braucht, muß man gleich zu Anfang eine Menge Geld investieren (4000–5000 FF = 1400–1700 DM). Das gilt für das Klettern nicht. Der Anfänger oder auch der frisch Eingewiesene kann seiner neuen Leidenschaft mit einem Minimum an Kosten bei maximalem Nutzen frönen, genau oder fast genau wie der professionelle Kletterer. Es gibt drei Arten von Klettermaterial:

- Die individuelle Mindestausrüstung ist leicht zu beschaffen. Man muß sich aber, um unter guten Bedingungen zu starten, gleich um perfekt angepaßtes Material kümmern. Vor allem hinsichtlich des Schuhwerks, dem Kernstück der Ausrüstung unseres Spiels. Verbannen Sie von Anfang an Turnschuhe. Für das Klettern am Block besorgen Sie sich eine kleine Matte, um die Schuhe am Fuß der Passage abzuwischen, und einen kleinen Lappen mit Harz. Für Felswände braucht man einen Anseilgurt und einen Beutel mit Magnesia.

- Die zweite Materialart ist nötig für das Klettern in der Seilschaft. Der Anfänger kann von der Ausrüstung seines Führers profitieren. Letzterer wird etwa zehn Expreß-Schlingen (Bandschlingen mit je einem Karabiner an beiden Enden) sowie ein Einfach- oder Doppelseil angeschafft haben. Dieses schon etwas kostspieligere Material kann eventuell in den künstlich geschaffenen Kletterorten von den Organisatoren oder über einen Club oder Verein zur Verfügung gestellt werden.

- Die dritte Materialart betrifft wesentlich weniger den Kletterer: es handelt sich um die Ausstattung einer Route. Sie kann entweder persönlicher Besitz und somit auswechselbar sein oder für einen ersten Durchgang an Ort und Stelle gelassen werden. Der systematische Gebrauch von Klemmkeilen nimmt außerhalb von Schulen immer mehr ab. Man ist also im allgemeinen nicht verpflichtet, sofort welche anzuschaffen. Bedenken Sie aber, daß es besser ist, sich bei kompetenten Leuten, die man immer am Fuß von Felswänden antrifft, zu informieren, ob die vorhandene Ausstattung vervollständigt werden muß oder nicht. Wenn die Klemmkeile auch angebracht werden, um wieder abgenommen und wiederverwendet zu werden, so gilt dies nicht für Felshaken, Bohrhaken oder eingelassene Haken. Diese werden auf den modernen Freikletterrouten an Ort und Stelle gelassen. So braucht sich der Kletterer nur um die Karabiner zu kümmern, wobei er sich selbstverständlich nicht blind auf die Ausstattung vor Ort verlassen darf und lernen muß, vor Gebrauch deren Qualität abzuschätzen.

Kletterschuhe

Die Kletterschuhe sind die erste, absolut unverzichtbare Ausstattung für den Kletterer. Jeder Kletterer, der es zu etwas bringen will, muß begreifen, daß für den Start auf solider Grundlage mit der Garantie für ein schnelles und erfolgreiches Vorankommen der Schuh das einzige Mittel ist, die Möglichkeiten der Fußtechnik am besten auszunutzen. Man kann natürlich mit Turnschuhen oder sogar barfuß anfangen. Aber das Vergnügen wird dadurch erheblich geschmälert. Die Erfahrung zeigt, daß die Aufmerksamkeit automatisch auf die reine Kraft gelenkt wird, wenn sie nicht im vollen Umfang von Anfang an auf die Fußstellung gerichtet wird. So entstehen unweigerlich technische Mängel, die, wie alle anfänglichen Lücken, schwer zu beseitigen sind. Ein Kletterschuh ist ein sehr technisches Produkt, dessen Hauptqualitätsmerkmale die Haftreibung, die Genauigkeit, das sichere Halten des Fußes und eventuell das geringe Gewicht sind. Schließlich muß er so eng wie möglich am Fuß anliegen, um die Sensibilität der Füße nicht zu vermindern und die Wahrnehmung von Haltepunkten zu ermöglichen. Zur Zeit gibt es sehr viele Modelle auf dem Markt. Und dennoch ist es nicht immer leicht, den richtigen Kletterschuh für seinen Fuß zu finden. Heute haben fast alle Modelle eine profillose, harzhaltige Haftsohle. Unterschiede gibt es, wenn überhaupt, nur bei der Genauigkeit und beim Komfort, also bei rein technischen Qualitätsmerkmalen. Und natürlich beim Preis, der bei 400–650 FF (= 130–220 DM) liegt. Einige sind für einen bestimmten Felstyp besonders geeignet und sind sogar für bestimmte Arten von Touren gemacht (Reibungs-, Spezialkletterschuh), oder für bestimmte Kletterarten (Sandstein, Granit, Kalk), und sogar für verschiedene Konstitutionen. Es ist deshalb nicht leicht, die Qualität eines Modells im Geschäft festzustellen, und wir raten Ihnen, sich umzuhören und die Modelle anderer Kletterer anzuprobieren, um eine möglichst gute Wahl zu treffen. Jedenfalls können Sie auch den Vergleichstest von Fnac Sports hinzuziehen, um die verschiedenen Modelle leichter zu unterscheiden. Wenn Sie dann mit Ihrer Vorstellung im Geschäft stehen, nehmen Sie eine Größe, die etwa zwei Nummern kleiner ist als Ihre normale Schuhgröße. Lassen Sie sich nicht von der charmanten Verkäuferin davon abbringen. Das Ziel ist nicht, an den Füßen entsetzlich zu leiden; aber es ist nötig, daß die Fußspitze und die Ferse gut gehalten sind, wenn Sie ein Höchstmaß an Genauigkeit auf dem Felsen wünschen. Ein Kletterschuh darf nur zum Klettern dienen, und wenn Sie Ihre Kletterschuhe den ganzen Tag tragen können, sind sie zu groß und damit ein technisches Hindernis. Hinsichtlich der Steifheit des Schuhes muß man wissen, daß ein festerer Schuh besser für Klettern in rauhem Gestein als für Reibungsklettern geeignet ist; aber er erfordert eine genaue Plazie-

Die beiden neuen Modelle von Scarpa: Rocstar und Prostar.

rung der Füße, weil man sie nicht flach aufsetzen kann. Ein weiches Modell wird Ihnen leichter in der Handhabung vorkommen, weil es ein besseres Reibungsverhalten hat, wodurch auch mehr Fehler gestattet sind (z. B. wenn man einen Fuß lieber flach aufsetzt als in ein kleines Loch oder einen Riß). Es ist ermüdender auf der Spitze oder auf Rissen, stärkt die Muskeln Ihrer Fußsohlen und ist umso vielseitiger, wenn Sie eine kleine Nummer gewählt haben. Wir raten Anfängern und Fortgeschrittenen, die sich vervollkommnen wollen, zu einem halbfesten Schuh, der zwar zu großer Aufmerksamkeit und einer gewissen Genauigkeit beim Plazieren der Füße zwingt, der aber dank seiner Vielseitigkeit ein genußreiches Klettern in jeder

Felsart verspricht. Man muß wissen, daß der Kletterschuh ein Produkt ist, das ständig erheblich weiterentwickelt wird. Viele Modelle haben heute als Qualitätsmerkmal eine besonders leistungsfähige Haftsohle und technische Eigenschaften, die sich sehen lassen können. Die Innovationen der Hersteller gehen in z. T. sehr unterschiedliche Richtungen. Einige streben nach immer größerer Weichheit, indem sie neues Material suchen oder niedrigere Modelle präsentieren, die die Ferse auch gut halten und eine höhere Beweglichkeit des Knöchels erlauben. Es sei aber darauf hingewiesen, daß die technischen Neuerungen wie das Wegfallen des Schnürens, anatomische Form oder federleichtes Material nicht die wesentlichen Auswahlkriterien sind. Die Wahl muß zwischen den Modellen getroffen werden, die die technischen Grundmerkmale aufweisen. Schließlich sind auch Ballerinas sehr angenehme Modelle. Sie stärken die Muskulatur der Fußsohle. Mit ihrer Weichheit und ihrem geringen Gewicht sind sie ein beliebter Freizeit- und Trainingsschuh.

Seile

Aus Hanf, aus Seide, dann aus Nylon: als mythische Objekte, Symbol der Gefahr beim Klettern, werden die Seile mit gähnender Leere, bodenlosen Abgründen und unendlichen Senkrechten in Verbindung gebracht. Heute halten die Seile mehr als zwei Tonnen Zugkraft aus, sind bunt wie eine Kunstgalerie, mit variablen Durchmessern an beiden Enden und auch mit »everdry« oder anderen Neuerungen ausgestattet. Sie sind nur noch ein Teil, wenn auch ein unverzichtbarer, im Arsenal des Kletterers. Da sie nunmehr alle Sicherheitsgarantien bieten, konnte das Klettern zu einem nahezu risikolosen Sport werden und ist deshalb für alle zugänglich. Früher riskierte man bei einem einfachen Sturz sein Leben, heute ist das nicht mehr der Fall. Der Gurt verletzt nicht mehr, zumal die Stürze, auch wenn sie häufiger vorkommen, kürzer sind, wenigstens im schwierigen Gelände. Man unterscheidet zwei Seiltypen: der erste heißt Zwillingsseil und besteht aus zwei Halbseilen von gleicher Länge und Dicke (8,8–9 mm). Es erlaubt beim Anseilen die Nutzung der vollen Seillänge. Der zweite Seiltyp, das Einfachseil, besteht aus einem Strang von 11, manchmal 10,5 mm Durchmesser. Durch diese Reduzierung des Durchmessers soll nicht das Risiko erhöht, sondern das Gewicht vermindert werden. Das Einfachseil, das praktischer für den Gebrauch von Karabinern und leichter als zwei Schnüre ist, ist beim freien Klettern besonders beliebt, obwohl beim Abseilen nur die Hälfte der Länge zur Verfügung steht. Außer wenn ein Zwillingsseil unumgänglich ist, ist es natürlich viel angenehmer, ein einfaches Seil zu benutzen. Nur noch selten sind die Abstiege nicht für den Gebrauch von Einfachseilen ausgerüstet. Die Ideallänge liegt zwischen 80 und 100 m für ein Zwillingsseil und zwischen 45 und 55 m für ein Einfachseil. Wählen Sie Ihr Seil auch unter dem Gesichtspunkt der Geschmeidigkeit, der Abriebfestigkeit, der Neigung, sich leicht zu verwickeln, und nach dem Preis aus. Es kostet zwischen 600 und 900 FF (200–300 DM). Zögern Sie nicht, sich in Ihrem Bekanntenkreis beraten zu lassen.

Anseilgurte

Paradoxerweise hängt der freie Kletterer, der als Mittel zum Vorwärtskommen nur den Felsen nutzt, doch oft am Seil: nach einem Sturz, beim Vorbereiten einer Route oder beim Ausruhen. Also ist der Komfort heute sehr wichtig, umso mehr, als die

Seil von Béal, 9 mm, »bunt wie eine Kunstgalerie«.

Sicherheit garantiert ist. Die Palette der Möglichkeiten ist breit gefächert, vom einfachen Anseilen mit einem Gurt um die Taille bis zu Anseilgurten im Fallschirmspringerstil. Die Kletterer benutzen besonders gern einen Sitzgurt, bei dem sich die Zugkraft wesentlich auf die Schenkel auswirkt. Dadurch wird ein großer Benutzerkomfort gewährleistet. Trotz der großen Auswahl, die der Kletterer hat, bieten nur wenige Anseilgurte befriedigenden Komfort. Wenn Sie Ihren Anseilgurt kaufen, müssen Sie ihn also unbedingt ausprobieren, um festzustellen, ob er die richtige Größe hat, Ihnen völlige Bewegungsfreiheit zum Klettern läßt, eine ausreichende Atmung zuläßt, wenn Sie darin sitzen, und ob die Tragegurte Sie nicht verletzen. Und fragen Sie auch nach seinem Gewicht. Zögern Sie nicht, ihn im Geschäft anzuprobieren, und lassen Sie sich sogar an einen Balken hängen, der zu dem Zweck sicher vorgesehen ist. Sie werden bald merken, daß ein Anseilgurt zum Klettern so wichtig ist wie ein Bett zum Schlafen.

Er gehört zur wesentlichen Ausrüstung und ist in Bezug auf seinen Komfort und seine praktische Anwendung eine delikate Angelegenheit. Ein Anseilgurt kann schnell zum Folterinstrument werden.

Kleidung

Sie haben sicherlich bemerkt, wie sehr sich die Kleidung der Kletterer von der der Alpinisten unterscheidet. Zwischen grauen Bundhosen und enganliegenden Hosen im Hawaii-Look liegen Welten. Die Bekleidung der Kletterer, oft exzentrisch, manchmal schockierend, aber immer individuell, wird weder Normen noch wirklich präzisen Merkmalen gerecht. Ihre praktische Seite hat Vorrang: die Kleidung darf die Bewegungen nicht behindern, sie muß gleichzeitig leicht und nicht zu empfindlich sein, um dem Abrieb durch den Felsen widerstehen zu können. Bei warmem Wetter sind Shorts ideal (doch passen Sie im Falle eines Sturzes auf Ihre Knie auf!), im Winter sind strumpfhosenähnliche Hosen besonders praktisch und verleihen noch dazu ein sehr geschätztes besonderes Aussehen. Manche tragen sie sogar abends. Und wenn Ihnen nun wirklich gar nichts im Geschäft gefällt, nehmen Sie Ihre schönste Nadel zur Hand und Ihr schönstes Silbergarn... Im Gegensatz zu anderen Sportarten ist kein Anzug verboten, auch nicht der ausgefallendste. Das Klettern und auch die, die es ausüben, sind frei, denken wir daran!

»Zwischen grauen Bundhosen und enganliegenden Hosen im Hawaii-Look liegen Welten«, im »Supplément Cornichon« (8a), Verdon.

Magnesia und Harz

Magnesia ist heute zum rituellen Symbol des freien Kletterns geworden. In einem mehr oder weniger großen Beutel auf dem Rücken des Kletterers dient es dazu, das Schwitzen der Hände zu bekämpfen. Wie sein Name schon sagt, handelt es sich weder um Talkum, noch um Mehl, noch um gemahlene Kreide, sondern um Magnesiumcarbonat, das auch von Turnern benutzt wird. Weil es am Felsen gut sichtbar ist, steht Magnesia immer wieder im Mittelpunkt der Kritik, es soll sparsam verwendet werden und wenn möglich nach der Tour mit einer Zahnbürste entfernt werden. Für das eigene Festhalten am Haltepunkt und für den Felsen empfiehlt es sich, die Finger nach jedem Griff in den kostbaren Beutel abzupusten. Im Gegensatz zu Magnesia ist Harz viel älter. Während ersteres im wesentlichen an Felswänden benutzt wird, tauchte letzteres vor allem an den Felsen von Fontainebleau auf und wird dort noch viel verwendet. Es handelt sich dabei um getrocknetes Fichtenharz, das dann zerstoßen und in ein Tuch gepackt wird. Seine Klebeeigenschaft verbessert die Haftung von Händen und Füßen. Außerdem wird der übrige Teil des Tuches vor allem in Fontainebleau verwendet, sei es um die Füße abzuwischen oder den Fels zu bearbeiten, sei es als Matte beim Start an einem Block. Auch wenn Harz weniger umstritten ist als Magnesia, sollte es ebenfalls sparsam verwendet werden. Man sollte bedenken, daß auch Höchstleistungen ohne diese beiden Produkte erbracht werden, die viel zu oft als unverzichtbar hingestellt werden. Natürlich können sie praktisch sein, aber noch einmal: man benutze sie mäßig. Ihre Verwendung stellt ein schlimmes Problem der Umweltverschmutzung dar. Der übermäßige Gebrauch von Magnesia zieht nach jedem Regen, vor allem im Winter, die »Schmierung« der Haltepunkte nach sich. Diese werden zwangsläufig sehr fettig und sind dann unangenehm zu benutzen. Auf lange Sicht werden sie glasig und können nur noch mit Indianerschläue verwendet werden.

Sicher klettern

Einleitung

Entgegen der weit verbreiteten Meinung ist das freie Klettern mit nur wenigen Risiken behaftet. Die schaurigen Bilder eines einzelnen Kletterers, der an seinen Fingerspitzen über gähnender Leere hängt, dürfen nicht darüber hinwegtäuschen, daß die wahre Praxis anders aussieht. Das ganze Risiko liegt beim Kletterer und nicht, wie im Hochgebirge, bei der Unwägbarkeit von Wetter oder Gletschern. Dieses Kapitel hat zum Ziel, die elementaren Sicherheitsregeln abzugrenzen, damit das Klettern ein vergnüglicher Sport wird oder bleibt, für alle zugänglich und ohne Gefahr für diejenigen, die diese Regeln beachten.

Die Sicherheit ist wesentlich, um hohe Schwierigkeitsgrade anzugehen: im »Minimum« (8b/c) in Buoux.

Felshaken, Klemmkeile und Bohrhaken

Freies Klettern beinhaltet die Suche nach immer höheren Schwierigkeitsgraden. Wenn man also zum Vorwärtskommen nur die in der Felswand vorhandenen Haltepunkte benutzt, wird es schnell unmöglich, beide Hände loszulassen, um einen Zwischensicherungspunkt anzubringen, wenn dieser wirklich dazu dient, einen Fall aufzuhalten und nicht um sich auszuruhen. Im modernen Klettern ist das Fallen nämlich nicht verboten. Es garantiert sogar dem Kletterer, sein Niveau zu verbessern, da es ihm erlaubt, bis an die Grenze seiner Fähigkeiten zu gehen. Es scheint also unerläßlich, daß jede Route eine ständige Ausstattung vor Ort hat. Vor allem in Frankreich sind glücklicherweise fast alle modernen Routen so ausgestattet. Sie brauchen also nur zu lernen, die vorhandene Ausstattung zu beurteilen, und nicht selber eine anzubringen. Die erste, triviale, aber wichtige Regel besagt, daß man sich zuvor informieren oder die geplante Route gründlich überprüfen muß. Routen, die Wind und Wetter ausgesetzt sind, die gefährlich sind oder eine zusätzliche Ausrüstung benötigen, werden immer seltener und in den Verzeichnissen entsprechend ausgewiesen. Auch wenn sich die Felshaken nicht besonders gut für französischen Kalk eignen, waren sie noch vor einigen Jahren wegen ihrer leichten Anbringung sehr gebräuchlich. Heute ist das Interesse an ihnen nicht mehr so groß: sie müssen in Rissen angebracht werden, während sich immer mehr Kletterer zu Steinplatten oder möglichst glatten und kompakten Überhängen hingezogen fühlen. Man trifft die Felshaken im allge-

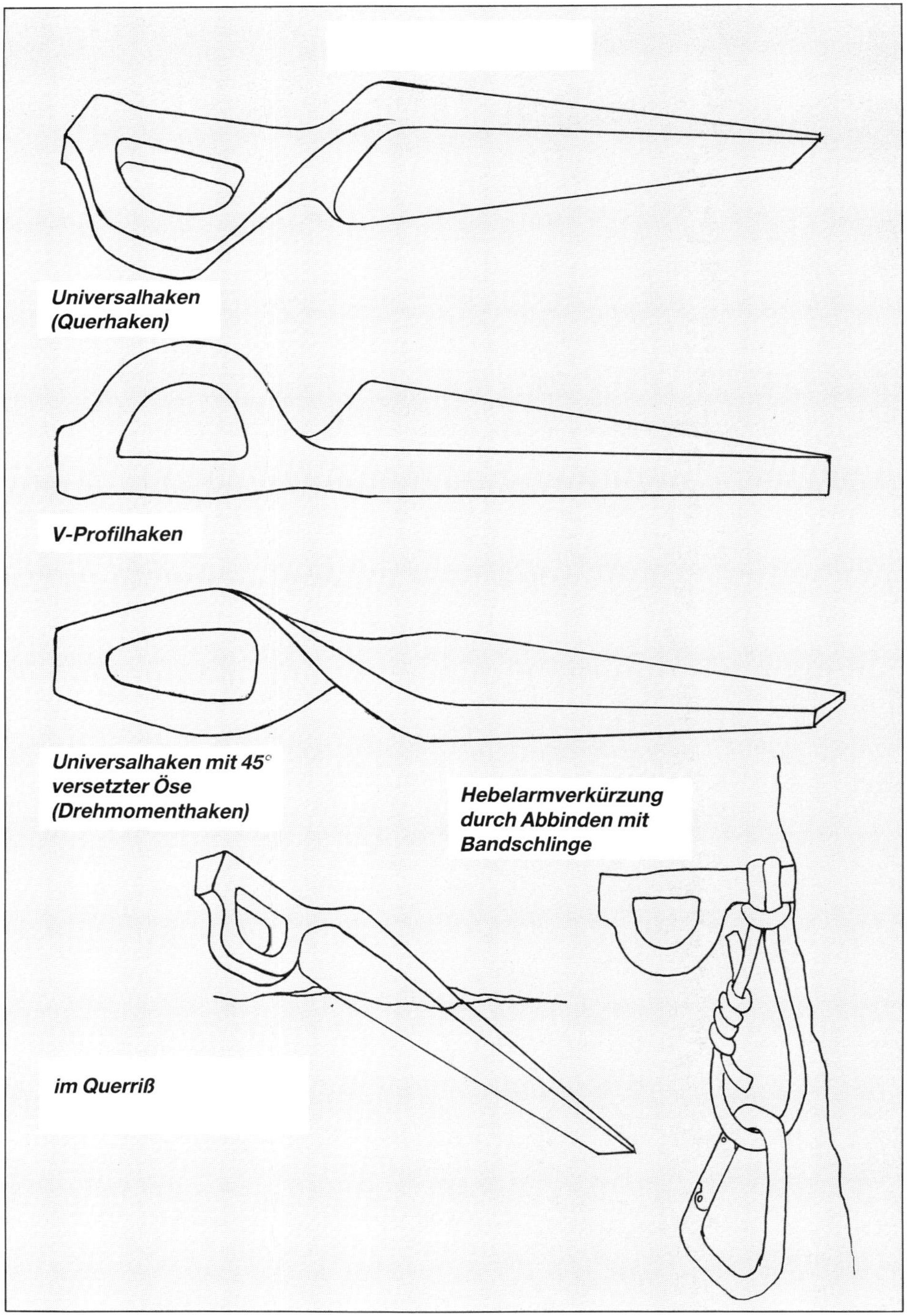
Universalhaken
(Querhaken)
V-Profilhaken
Universalhaken mit 45°
versetzter Öse
(Drehmomenthaken)
Hebelarmverkürzung
durch Abbinden mit
Bandschlinge
im Querriß

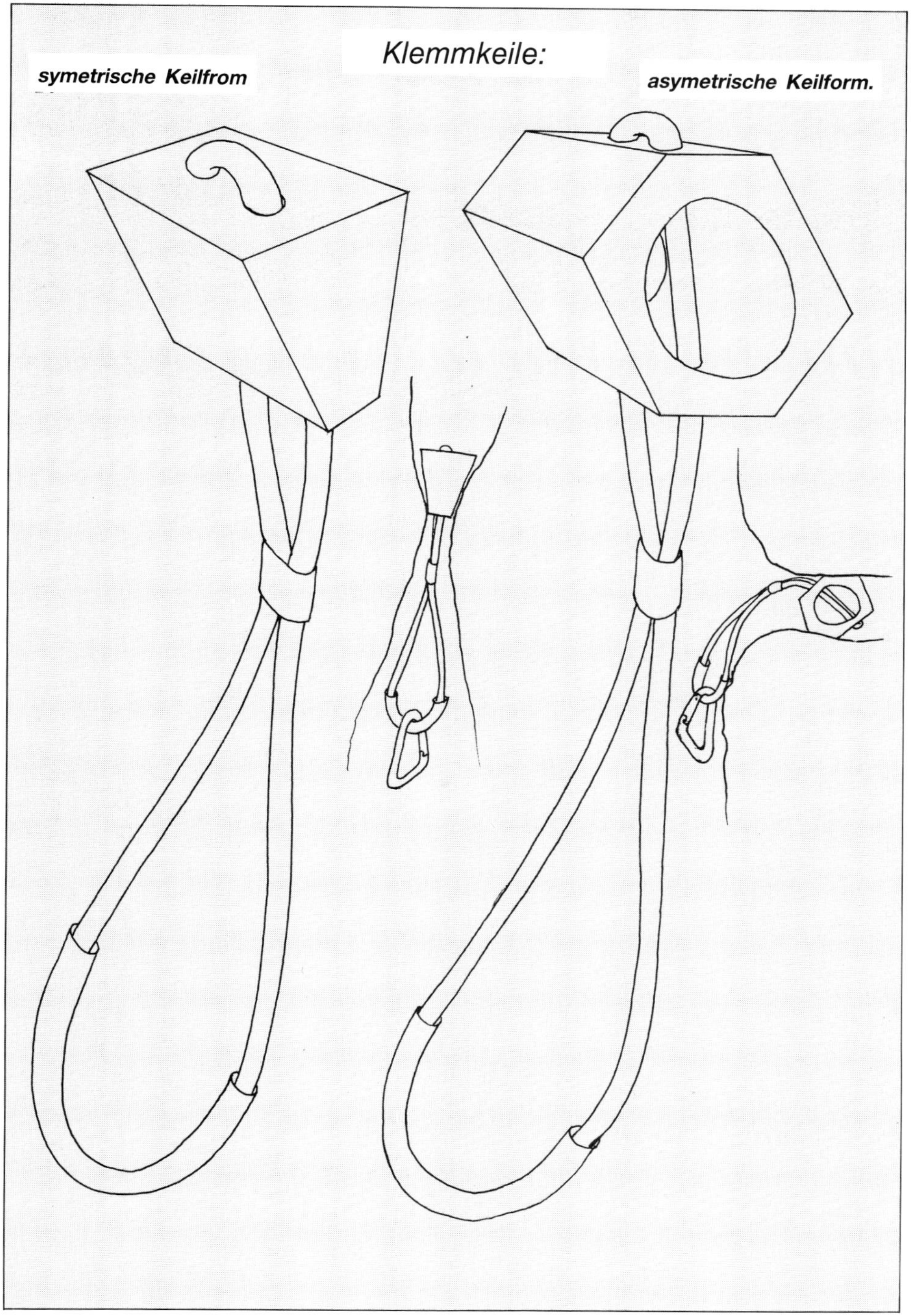
Klemmkeile:
symetrische Keilfrom
asymetrische Keilform.

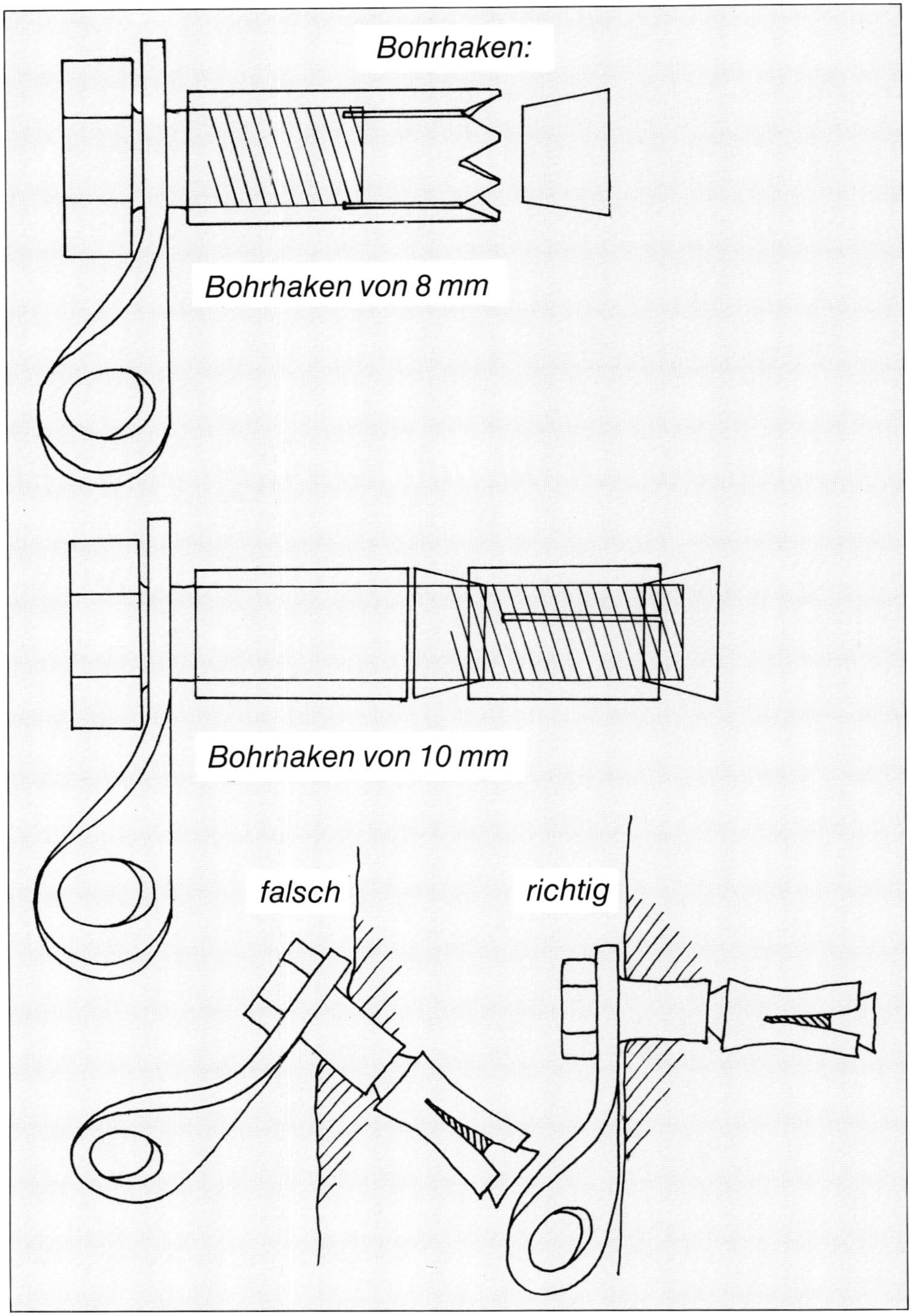
Bohrhaken:
Bohrhaken von 8 mm
Bohrhaken von 10 mm
falsch
richtig

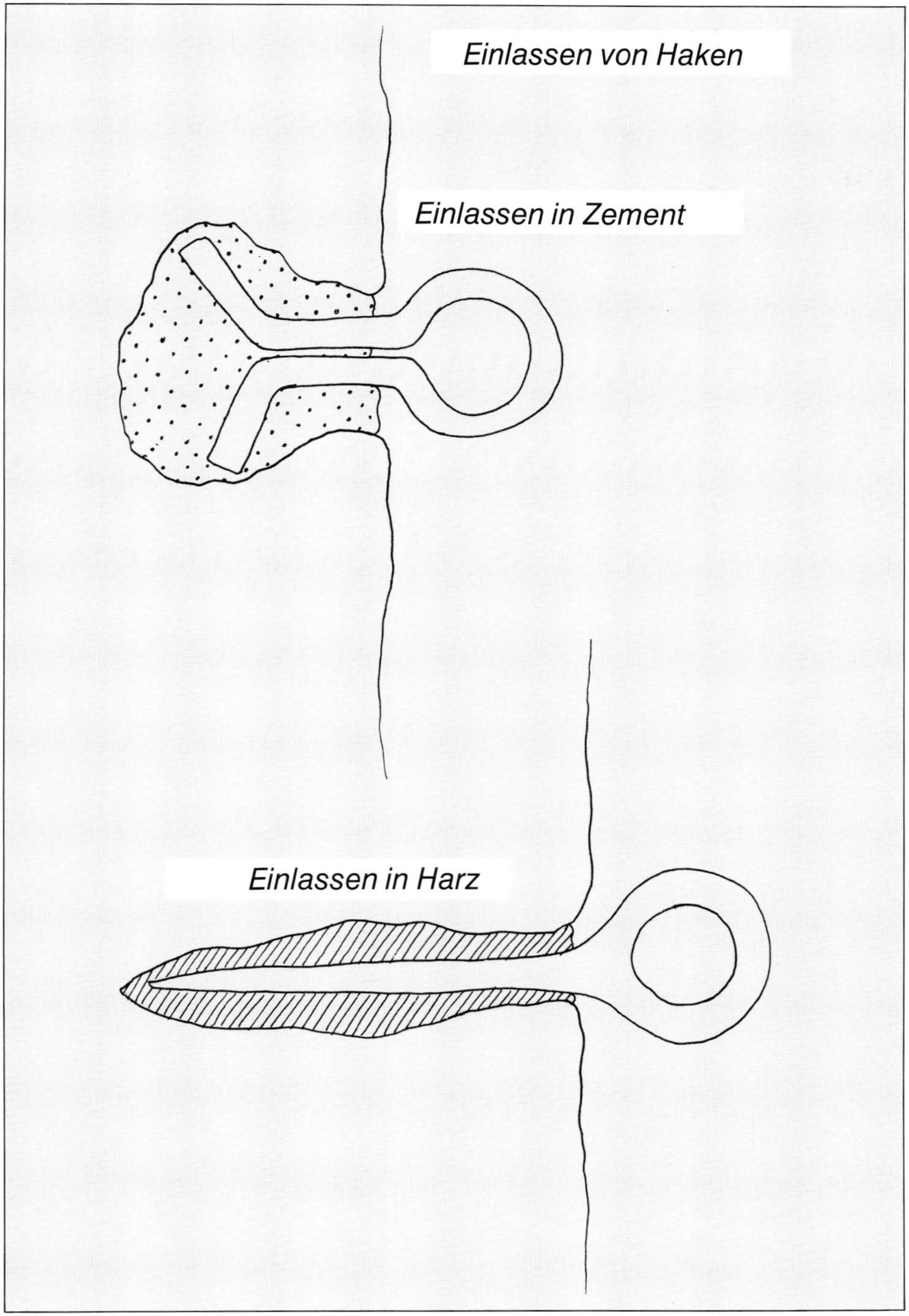
Einlassen von Haken
Einlassen in Zement
Einlassen in Harz

meinen in alten Routen von geringem Schwierigkeitsgrad, und man sollte ihnen nicht zu sehr vertrauen. Es gibt mehrere Typen von Felshaken (siehe Zeichnung). Ihre Belastbarkeit hängt einzig und allein von der Befestigungsart ab. Es ist also sehr schwierig, die tatsächliche Belastbarkeit eines Felshakens zu erkennen. Trotzdem einige Ratschläge:

- bevorzugen Sie Querrisse, dann bricht der Felshaken bei einem Sturz nicht so leicht heraus;
- die Hakenöse muß am Fels aufsitzen (siehe Zeichnung);
- überprüfen Sie den Felshaken mit Karabinern, um festzustellen, daß er kein Spiel hat, indem Sie mit einem Paar Karabinern an ihm rütteln;
- wenn er zu weit hervortritt, schalten Sie den ungünstigen Hebelarm durch Abbinden aus (siehe Zeichnung).

In der Tat werden Felshaken in dem ständigen Bestreben nach mehr Sicherheit und Effizienz immer seltener und systematisch durch Expansionshaken ersetzt. Diese sind sicherer, beschädigen den Fels nicht durch ständiges Herausziehen und Wiedereinsetzen und können in allen Steinplatten oder Überhängen angebracht werden, egal wie glatt der Felsen ist. Es gibt mehrere Sorten von Expansionshaken, die sich in Durchmesser und Größe oder Expansionssystem unterscheiden. In Granit oder sehr hartem Kalk sind die 8 mm-Expansionshaken, die eingeschlagen werden, am üblichsten (siehe Zeichnung). In weicherem Kalk nimmt man 10 mm-Haken (Zeichnung), die sich durch Einschrauben ausdehnen. Sie sind wesentlich fester und sicherer. Wird ein Karabiner an einem Bohrhaken befestigt, muß zu allererst überprüft werden, ob die Öse gut angeschraubt ist, ob der Haken kein Spiel hat und schließlich ob die Öse gut am Felsen anliegt (siehe Zeichnung). Wenn die Expansionshaken auch einen tatsächlichen Fortschritt gegenüber den klassischen Felshaken gebracht haben, so scheint ihre Lebensdauer doch begrenzt. Nach mehreren Jahren der Benutzung hat die Hülse nämlich oft Spiel und der Bolzen nutzt sich ab. Mit der Einführung von Expansionshaken konnten zwar die ersten Unzulänglichkeiten behoben werden, doch sind in Mörtel oder Harz eingelassene Haken noch viel sicherer und vor allem viel haltbarer. Es dauert nur viel länger, sie einzusetzen. Aber heute verwenden immer mehr »Routenausrüster« elektrische Bohrer mit Akku. Ein eingelassener Haken ist sehr schwer zu beurteilen, wenn man ihn nicht selbst angebracht hat. Man muß überprüfen, ob der Mörtel keine Risse hat und vor allem ob er nicht gerade zwei Stunden zuvor eingesetzt wurde... Wir haben bis jetzt nur von der festen Ausstattung gesprochen, aber das freie Klettern ermöglicht auch das Anbringen von Klemmkeilen, die vor allem in Granit verwendet werden. Ihr Gebrauch ist aber auf modernen Routen, vor allem in Franreich, nicht sehr verbreitet und nimmt immer mehr ab. Trotzdem ist es zu empfehlen, in manchen Gegenden oder auf manchen Routen einige mit sich zu führen. Es gibt viele Arten, worunter der symmetrische und der asymmetrische die Hauptformen sind (siehe Zeichnung); sie anzubringen und wieder zu entfernen ist sehr unbequem, weshalb sie bei zu schwierigen Passagen nicht angewendet werden dürfen (Zeichnung). Ein sehr praktisches, aber auch sehr teures Modell heißt »Friends Klemm-Apparat«. Ein Federsystem gestattet das Anbringen und Entfernen ohne (allzu) große Mühe. Deshalb wird heute die ständige Routenausstattung vorgezogen, die erlaubt, bei größter Sicherheit auch schwierigste Routen zu meistern. Anfänger sollten Klemmkeile vorzugsweise nur als Zusatzausrüstung benutzen, quasi als Ergänzung zu einer Ausstattung vor Ort, und in aller Ruhe lernen, sie an Blöcken anzubringen. Zu guter Letzt eignen sich manche Felswände ganz besonders gut zur Anbringung von Schnüren um kleine Felszacken. Diese Sicherungsart ist dann verläßlich, wenn der Felsen es auch ist, und erfordert eine systematische Überprüfung der Schnur. Unwetter, Abnutzung durch den Felsen oder wiederholte Stürze machen daraus Zwischensicherungspunkte, die nicht unbedingt alt werden. Man muß sich also vergewissern, daß der Mantel der Schnur nicht beschädigt ist und der Felskranz solide genug ist, bevor man sich dieser Sicherungsart anvertraut.

Karabiner und Gurt

Um die Zwischensicherungspunkte benutzen zu können, muß man sie mit Hilfe von Karabinern mit dem Seil verbinden, das dann ohne große Reibung gleiten kann. Dazu benutzen heute die meisten Kletterer Expreß-Schlingen, die aus zwei durch eine Bandschlinge verbundenen Karabinern bestehen. Weil sie so leicht, praktisch und stabil sind, sind die genähten Bandschlingen heute unerläßlich. Im wesentlichen sollen sie eine höhere Geschmeidigkeit bei den Zwischensicherungspunkten erreichen und somit den Zug verringern, d. h. das Gleiten des Seils in den verschiedenen Zwischensicherungspunkten verbessern. (Zeichnung). Zum anderen fangen sie einen Teil des Stoßes bei Stürzen auf und verhindern, daß Klemmkeile durch beim Steigen erzeugte Zugkraft ausbrechen. Weil man sich beim freien Klettern nicht dadurch helfen darf, daß man sich zur Seilbefestigung am Karabiner festhält, muß man mit Karabinern umgehen können. Zuallererst gilt es, die Expreß-Schlingen mit je zwei Karabinern am Anseilgurt vorzubereiten. Sie müssen gleichmäßig auf jeder Seite verteilt und gebrauchsfertig sein. Beim oberen Karabiner muß die Öff-

Expreß-Schlingen: Befestigen der Karabiner am Seil vor Kletterbeginn, um das Anbringen der Karabiner zu beschleunigen.

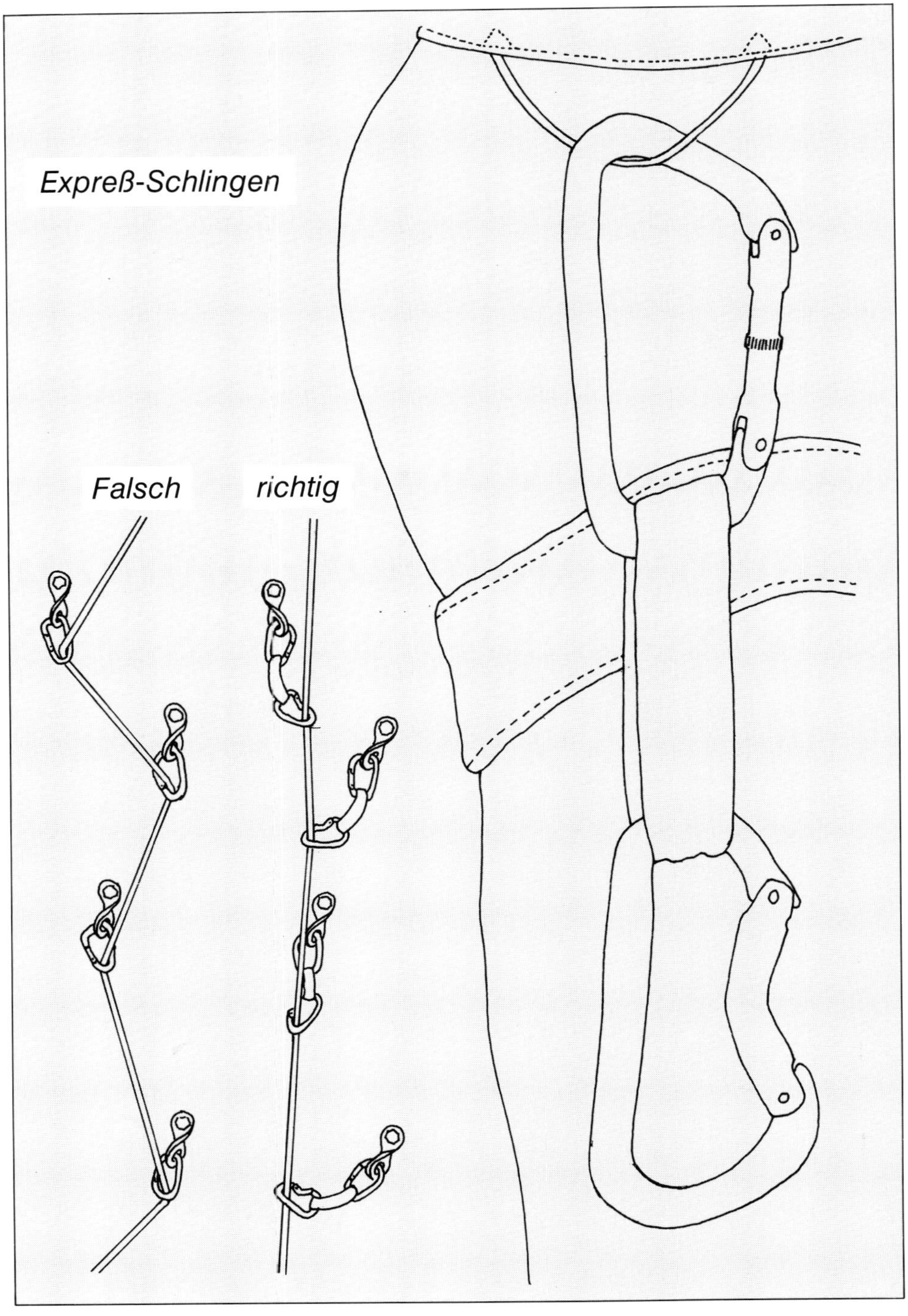
Expreß-Schlingen
Falsch
richtig

nung nach oben zeigen, damit er leicht vom Anseilgurt entfernt werden kann; der untere muß das Seil leicht aufnehmen können. Dann müssen Sie lernen, das Seil schnell anzubringen, um Ihre Kräfte fürs Klettern aufzusparen (siehe detaillierte Photos). Zu oft scheitert ein Versuch, weil zuviel Zeit und Energie damit verbraucht wurde, an einem Zwischensicherungspunkt Karabiner anzubringen. Das muß also vorher geübt werden, und zwar mit beiden Händen.

Knoten

● Anseilen am Anseilgurt: der Bulinknoten. Der Bulinknoten ist der gebräuchlichste, weil er der bequemste und einer der leichtesten ist. Er muß mit einem Sicherungsknoten gebunden werden, wobei etwa 20 cm Seil überstehen sollen. Er ist auch gut geeignet, um ein Seil um einen Baum zu befestigen.

● Achterknoten: Sehr stabil und besonders leicht aufzuknüpfen, aber zu füllig. Er wird als Selbstsicherungsknoten verwendet oder zur Befestigung eines Seils an einem Standplatz.

● Mastwurf: Sehr praktisch zur Selbstsicherung am Standplatz, leicht mit einer Hand zu knoten. Er darf aber nicht zum Befestigen benutzt werden, denn er verringert erheblich die Widerstandsfähigkeit des Seils beim Aufprall.

● Halbmastwurf: Er hat Bremsfunktion und kann bei der Sicherung einer zweiten Person die Seilbremse als Gefährtensicherung ersetzen. Das Problem ist, daß er das Seil vertrillern läßt und deutlich weniger sicher und weniger stabil ist als eine Seilbremse. Wie der Mastwurf ist er sehr leicht zu binden und benötigt nur einen Karabiner.

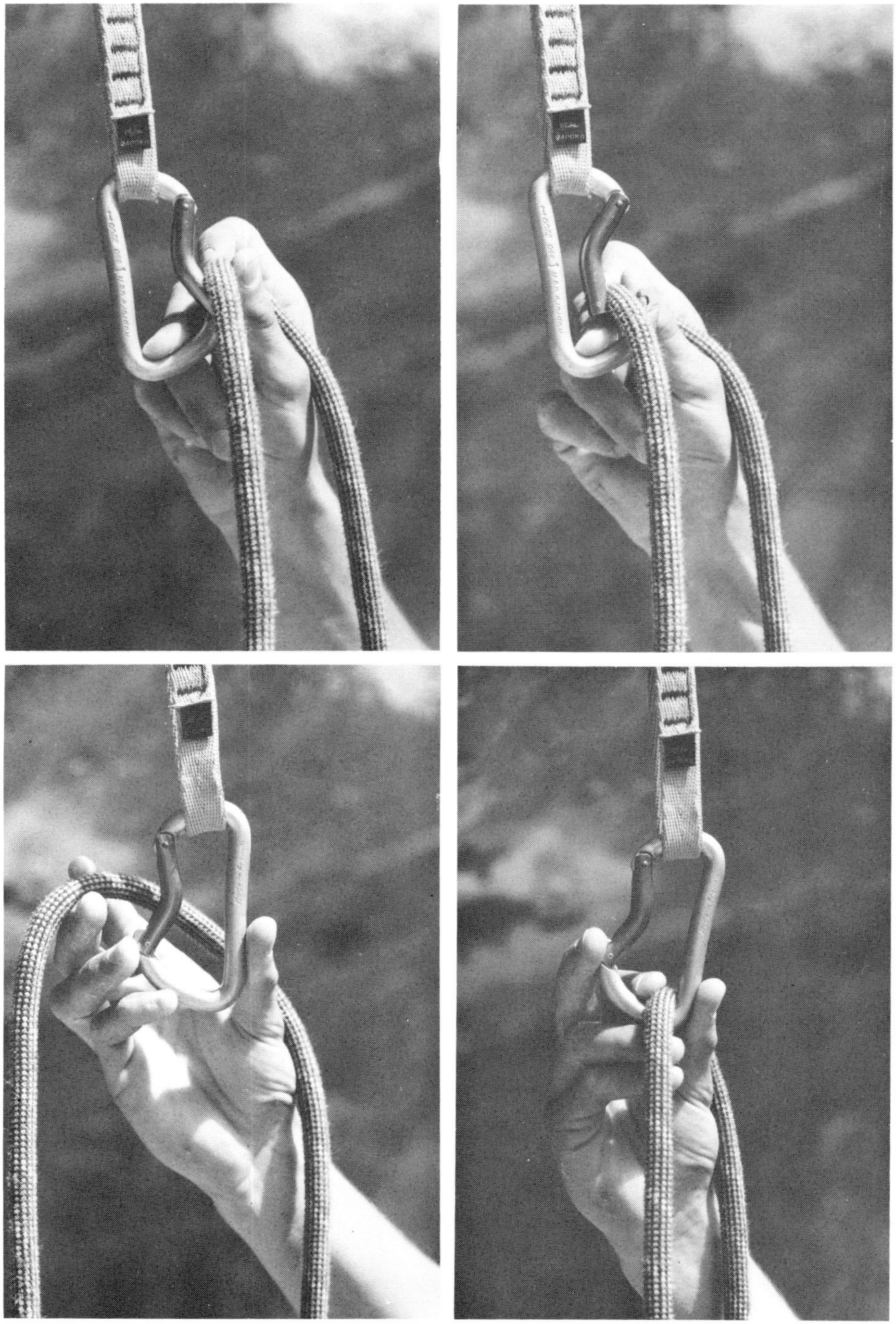

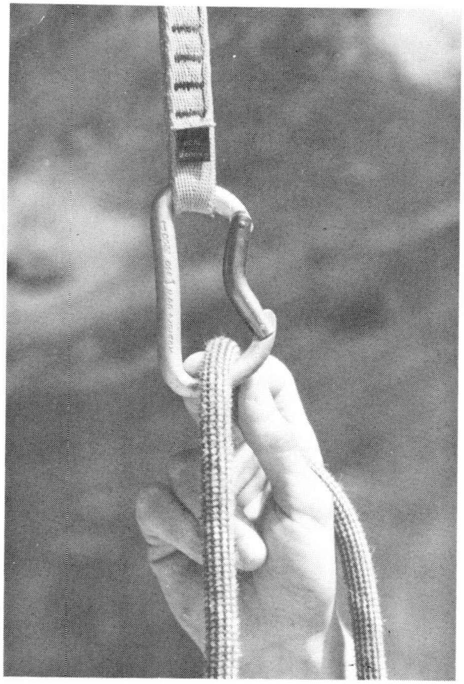

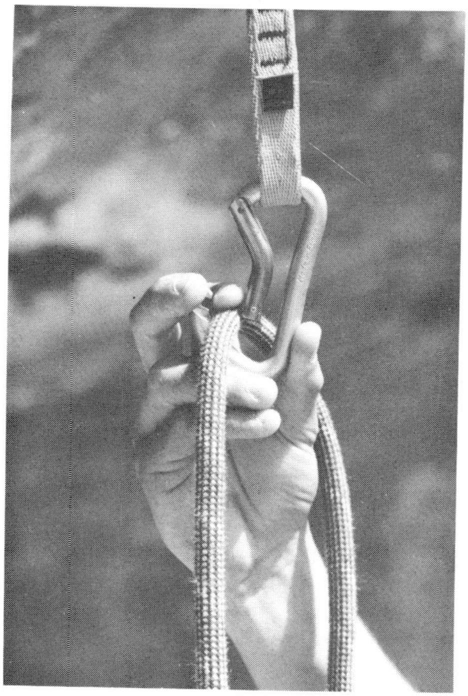

Karabiner anbringen:
1. Öffnung vorne:
Gegenüber: Mittelfinger im Karabiner, Zeigefinger und Daumen fassen das Seil und bringen es vor die Öffnung.
Mitte: Das Seil wird mit dem Daumen in den Karabiner geschoben.
Rechts: Durch das eigene Gewicht fällt das Seil hinein, Daumen und Zeigefinger gleiten ab und lassen den Karabiner sich schließen.
2. Öffnung hinten:
Gegenüber: Der Karabiner wird von Daumen und Ringfinger gehalten, während das Seil zwischen Zeige- und Mittelfinger liegt.
Mitte: Der Ringfinger gleitet ab, der Mittelfinger stützt sich genau unter die Karabineröffnung. Der Zeigefinger schiebt nun das Seil in die Öffnung.
Rechts: Der Zeigefinger folgt dem Seil und wird so nicht eingeklemmt.

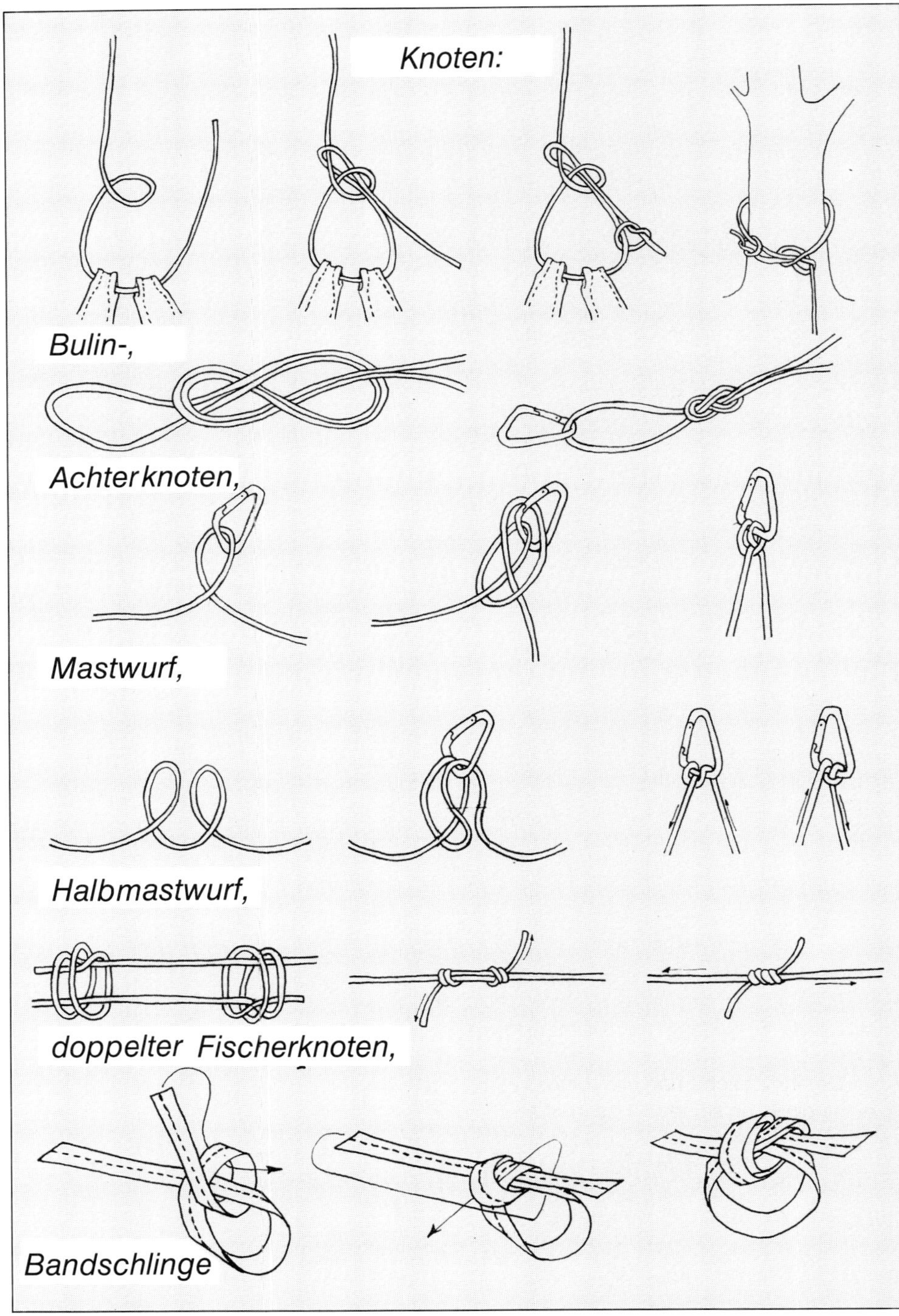

Knoten:
Bulin-,
Achterknoten,
Mastwurf,
Halbmastwurf,
doppelter Fischerknoten,
Bandschlinge

Sicherungstechniken

Wir kennen uns jetzt mit dem gesamten nötigen Material aus, nun müssen wir lernen, wie man sich damit gegenseitig sichert. Als Einführung zum Training ist es angenehm, als Geführter zu klettern. Dann hat man nicht so viel Angst vor einem Sturz und kann sich ganz auf die Technik konzentrieren. Es gibt zwei Sicherungsarten: die Sicherung von oben und die Sicherung von unten. Aus Bequemlichkeits- und Sicherheitsgründen ist heute der Gebrauch einer Gefährtensicherung als Bremse unerläßlich und deshalb jedem anzuraten. Die wesentlichen Punkte der Sicherung von oben sind folgende:

- es muß ein stabiler Standplatz vorhanden sein mit mindestens zwei Fixpunkten zur Verankerung;
- der Selbstsicherungsstrang des Sichernden auf dem Standplatz;
- die Gefährtensicherung, die am Standplatz befestigt ist (siehe Zeichnung).

Für die Sicherung von unten reicht es, wenn die Länge nicht länger ist als die Hälfte des Seils und wenn oben an der Route ein stabiler Fixpunkt mit einem Karabiner oder Schäkel ist, durch den das Seil gleiten kann. Diese Technik ermöglicht, wieder auf den Boden abzusteigen, um den Kletternden zu sichern und ihn dabei besser zu sehen. Das Seil läuft also durch die verschiedenen Karabiner an den Expreß-Schlingen, dann durch einen Fixpunkt am Gipfel und kommt dann zum Boden zurück. Der Sichernde bedient sich seiner Gefährtensicherung als Seilbremse, die er direkt an seinem Anseilgurt befestigt. Es ist jedoch darauf zu achten, daß das Seil bis zum Gipfel gut gleitet, d.h. daß Reibung durch Felskanten möglichst vermieden wird (siehe Zeichnung). Ziel des Kletterns ist aber, eine Route von unten her zu meistern (das nennt man Vorankletten). Wir haben gesehen, wie

Sichern eines Vorankletternden am Boden.

Seite gegenüber: In dieser Situation müssen Sie schnell und gut Karabiner anbringen können: »les caprices d'Anatoles« (Anatoles Launen) (7c/8a) Buoux.
Unten: Sichern eines Geführten am Zwischensicherungspunkt.

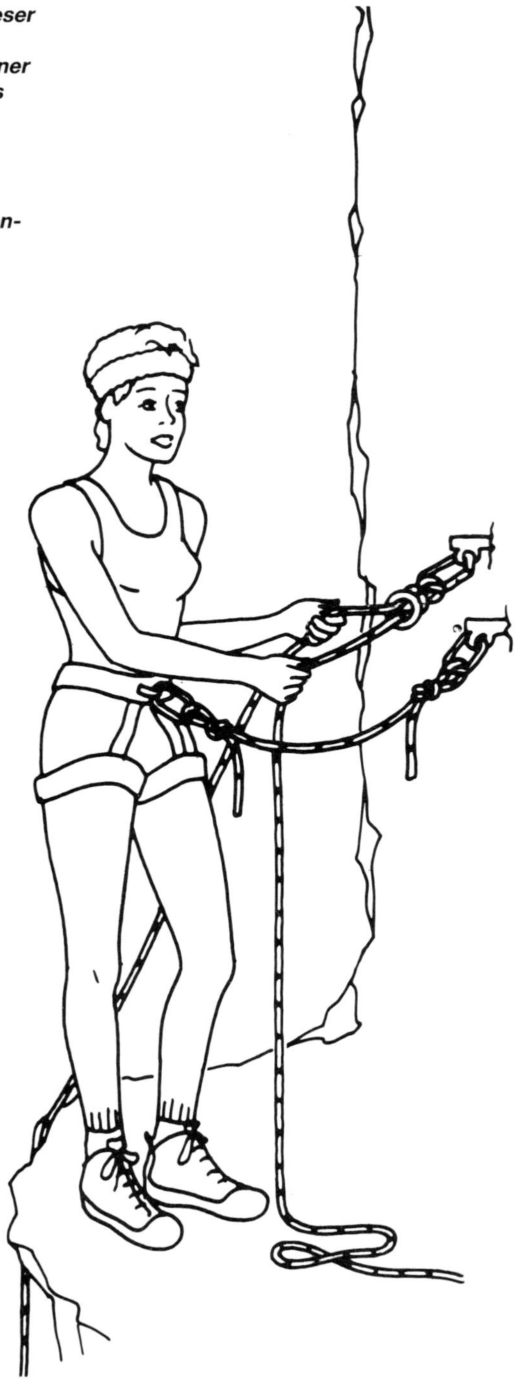

die Zwischensicherungspunkte mit Karabinern ausgestattet werden, aber die Arbeit des Sichernden ist hier ganz besonders wichtig. Noch einmal: es ist dringend anzuraten, einen Sicherungsstrang als Seilbremse zu benutzen, der ständig am Anseilgurt befestigt ist, auch wenn sich der Sichernde auf einem Standplatz befindet. Andererseits ist die Seilbremse manchmal hinderlich beim Einlegen des Seils in die Karabiner. Es ist aber wichtig, daß der Sichernde bei jedem Anbringen von Karabinern Seil vorgibt. Der Sturz wird in einem eigenen Kapitel behandelt.
Wir haben nun gesehen, wie der Auf- oder Abstieg des Kletterers von unten gesichert wird. Betrachten wir jetzt die Technik, mit der man sich abseilen kann, ohne Material zurückzulassen. Das Seil läuft durch einen Sicherungspunkt am Gipfel und zwei Stränge kommen zusammen wieder herunter. Wohlgemerkt, um das Seil wiederzugewinnen, muß es über den Gipfel laufen. So läuft es etwa um einen Baum oder durch einen Karabiner, der dort bleibt, oder auch durch eine Schlinge an dem oder den Fixpunkten des Standplatzes. Hierbei kann man eine dünne Schnur verwenden, weil das Seil während des Abstiegs nicht gleitet, im Gegensatz zum Abseilen mit Sicherung von unten. Der Kletterer steigt also an beiden Strängen gleichzeitig hinab, und auch da wird die Seilbremse heute als unverzichtbar angesehen. Wenn der Kletterer dann am vorhergehenden Standplatz oder am Boden angekommen ist, kann er sein Seil einziehen, indem er an dem einen Strang zieht.

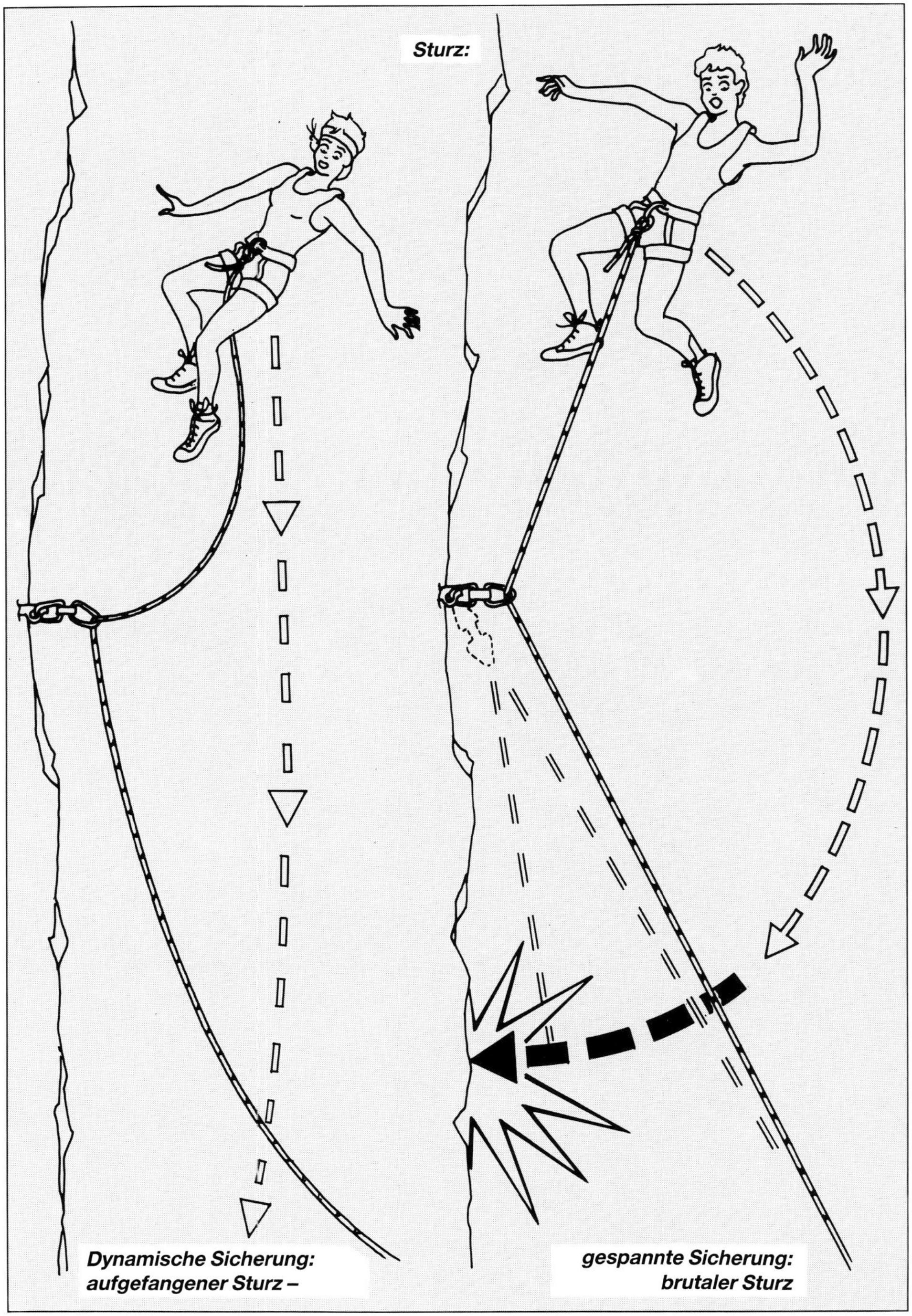
Sturz:
Dynamische Sicherung:
aufgefangener Sturz –
gespannte Sicherung:
brutaler Sturz

»Fliegen« – aber wie?

Der Kletterer an der Spitze stürzt, wenn er fällt, mindestens doppelt so tief wie die Länge der Strecke, die ihn von seinem letzten Zwischensicherungspunkt trennt. Eigentlich stürzt er sogar um die dreifache Länge, denn die heute benutzten Seile sind elastisch, um den Aufschlag so weit wie möglich zu amortisieren. Fallen, auch auf einem stabilen Zwischensicherungspunkt, ist immer sehr eindrucksvoll. Je besser man diese Angst im Griff hat, umso leichter läßt sich die Sturzgefahr vermindern. Der Sichernde muß immer darauf gefaßt sein und stets abschätzen können, was dem von ihm Gesicherten passieren kann. Der Kletterer kann nicht viel tun, wenn er fällt! Er muß jedoch besonders darauf achten, niemals das Seil zwischen den Beinen zu haben. Dadurch kann es nämlich passieren, daß das Seil ihm die Schenkel verbrennt, er sich deshalb umdreht und sich in einer schlechten Landeposition wiederfindet. Es kann andererseits nützlich sein, sich im Augenblick des Fallens leicht zurückzuwerfen, um während des Sturzes in seinen Bewegungen freier zu sein. Das Kritischste aber ist das Aufsetzen. Wenn sich der Sichernde während des Sturzes nach hinten wirft oder ein Stück des Seils abrupt blockiert, kommt der Kletterer rechtwinklig zum Felsen an und schlägt dort besonders brutal auf. Wenn dagegen der Sichernde den Sturz auffängt, indem er sich nach oben ziehen läßt oder das Seil ca. 1–2 Meter nachläßt, schlägt der Kletterer wesentlich weniger hart am Felsen auf und der Aufprall wird ungeheuer gemildert (siehe Zeichnung). So ist ein Unfall praktisch unmöglich. Durch eine dynamische Sicherungstechnik kann das Fliegen sogar Spaß machen. Denn weder der Sichernde noch der Kletterer müssen feste Stöße aushalten. Voraussetzung ist, daß das Gelände ausreichend steil ist. Diese dynami-

Oben:
Sicherung von unten.
Unten: Vorbereiten einer Route bei Sicherung von unten erlaubt das Optimieren jeder Bewegung.

An großen Überhängen kann Fliegen zu einem sehr vergnüglichen Spiel werden: »les mains sales« (die schmutzigen Hände) (8b) in Buoux.

sche Sicherungstechnik kann aber dann nicht beim Fliegen angewendet werden, wenn der Aufprall auf den Boden möglich ist. In dem Fall muß im Gegenteil die Sturzhöhe so weit wie möglich verringert werden, um eine Bodenberührung um jeden Preis zu verhindern.

Situationen, die es nicht geben soll

Auch wenn wir die Hauptsicherheitsregeln beim Klettern vorgestellt haben, so konnten wir Ihnen natürlich nicht die ganze Erfahrung vermitteln, die nur in der Praxis erworben werden kann. Dieses Kapitel soll die häufigsten Fehler erläutern, die Kletteranfänger oder auch schon Fortgeschrittene begehen können.

– Einer der häufigsten Fehler wird beim Sichern von unten gemacht. Der oben am Ende der Route angekommene Kletterer beginnt abzusteigen, wobei er von seinem Partner, der am Boden geblieben ist, gesichert wird. Dieser gibt nicht besonders acht, läßt ihn hinab klettern und bemerkt nicht, daß das Seil nicht lang genug ist. Er läßt es aus der Hand rutschen und schon stürzt der Kletterer ab. Deshalb ist es klüger, das Seilende zu befestigen, wenn man von oben oder von unten sichert.

– Desgleichen sollte man beim Abstieg an zwei Seilen beide Stränge miteinander verknüpfen, um böse Überraschungen zu vermeiden, etwa wenn der Boden noch zehn Meter entfernt ist oder man den Standplatz nicht findet.

– Bei Sicherung von unten niemals absteigen und dabei das Seil direkt durch eine Schlaufe ohne Karabiner laufen lassen. Die Reibung durch den Abstieg des Kletterers würde automatisch die Schlaufe durchtrennen.

– Beim Abstieg an zwei Seilen muß der Sicherungsstrang mit einem Schraubverschlußkarabiner am Anseilgurt befestigt sein. (Dieser Karabinertyp verfügt über eine Vorrichtung, die eine zufällige Öffnung verhindert).

– Bei einem Sturz nicht versuchen, sich an einer Bandschlaufe oder einem Seilstrang vor dem Zwischensicherungspunkt festzuhalten. In neun von zehn Fällen führt das zu Verbrennungen am Seil oder Schnittwunden an Fingern durch Karabiner.

– Wenn man auf der Höhe eines Bohr- oder Felshakens spürt, daß man gleich stürzt, und man nicht mehr die Zeit oder die Kraft hat, Karabiner daran anzubringen, darf man auf keinen Fall den Finger in die Öse stecken: man riskiert schlicht und einfach, sich dabei den Finger abzureißen.

Beim ersten Aufstieg am »Minimum« (8b/c).

Definition des modernen freien Kletterns

Einleitung

Freiheit: Weite, Schwerelosigkeit, spielerische Fortbewegung. Das heißt aber nicht, daß man sich über Programme oder Werkzeuge hinwegsetzen kann. Der »Kletterer mit bloßen Händen« bewegt sich nicht frei wie ein Vogel. Zum Spielen braucht er Regeln und Instrumente. Und um dann gut zu spielen, muß er viel spielen. Es mag nun auf den ersten Blick widersprüchlich klingen, vom freien Klettern zu sprechen. Es reicht aber tatsächlich, sich über die Regeln zu verständigen. Diese Regeln haben sich sehr gewandelt, sie sind präziser und komplexer geworden. Zu Beginn des Jahrhunderts war der Deutsche Paul Preuss der erste Kletterer »mit bloßen Händen«. Er erschloß ganz allein, ohne Seil, Felswände in den Dolomiten, die noch heute als 5+ eingestuft sind. Schlimmer noch, er kletterte sie auch wieder hinunter. In der strengen Ethik eines Kletterers kann man es gar nicht besser machen. Es war eine dramatische Zeit der Konfrontation. Er ist dann bald gestorben. Aber als Held. Die Ethik hat ihre Grenzen. Aber sie werden in der einen oder anderen Richtung verschoben. In den 30er Jahren gingen Leute wie Pierre Allain, Riccardo Cassin oder Emilio Comici und viele andere mit ihren Forderungen an das Klettern sehr weit: sehr hohe Felswände, mit sehr schwierigem oder unmöglichem Abstieg, exponierte Passagen, an denen man selber Haken anbringen mußte. Die Menschen hatten hochgeschraubte Ansprüche. Und gleichzeitig entstand der Drang, den Städten, den grauen Kaninchenställen, zu entfliehen. Nach dem Zweiten Weltkrieg beherrschte der Stahl alles: bald waren alle Felsen der Welt mit stählernen Haken übersät. Der Schwierigkeitsgrad einer Passage oder einer Felswand wurde nicht mehr an der Kleinheit der gegebenen Haltepunkte gemessen, sondern an der Anzahl der verschwendeten Felshaken. Die Schrotthändler hatten Hochkonjunktur. Die technische Beherrschung der Natur war zur Kardinaltugend geworden. Freie Passagen verminderten sogar den Schwierigkeitsgrad einer Route, weil dort weniger Felshaken angebracht waren. Zwar ging das Abenteuer dabei nie ganz verloren, aber das Klettern ging allmählich wie ein Fisch auf dem Trockenen zugrunde. Nur einige Individualisten konnten sich halten: die Bonattis, Desmaison, Paragot, Bérardini usw. Und natürlich die Bleausards. Mitte der 60er Jahre meuterte ein einzelner gegen »all diejenigen, die wie Steinbrucharbeiter Löcher in den VI hauen und wie Zimmerleute Nägel einschlagen«, und setzte dem Zeitgeschmack die alte Tugend des »Mutes zum Unbekannten« entgegen: Reinhold Messner. Seine vielbeachteten Solos und seine neuen Routen, von denen einige noch nicht wiederholt worden sind, hatten die Wirkung eines

Staatsstreiches in einem verschlafenen Reich. Bevor er der König der Achttausender wurde, war er der Meister des siebten Schwierigkeitsgrades. Das freie Klettern erstand wie der Phoenix aus der Asche. Zu den klassischen Methoden eines Paul Preuss gesellten sich neue Impulse, die sehr schnell zu neuen Praktiken in diesem Sport führten. Als vor gerade erst zehn Jahren auf Drängen der Angelsachsen und Jean-Claude Droyers, der gleichzeitig Kletterer und Schiedsrichter war, – zwangsläufig- neue Regeln aufgestellt wurden, waren diese ziemlich einfach. Es ging darum, von unten loszuklettern, keine Zwischensicherungspunkte zu berühren, sie besser noch selber anzubringen. Unter diesen Bedingungen wurde der Klemmkeil zum wichtigsten Instrument und die Zurschaustellung zum zentralen Bestandteil. Obwohl nichts definitiv festgelegt ist, wissen die Kletterer heute besser, wohin sie gehen und wie sie dorthin kommen. Vor allem geht es darum, trotz der großen Anstrengung noch Spaß zu haben: das ist das Credo der heutigen Zeit. Dafür ist es nicht nötig, jeden Augenblick dem Tod die Stirn zu bieten. Wie beim Skilaufen will man heute Spaß haben. Auch hier machen die Franzosen in der ganzen Welt Schule, sogar bei den Angelsachsen, der letzten Bastion der Konservativen. Die Franzosen geben den Ton an. Es sind ihre gut ausgearbeiteten, aber letztendlich nicht sehr komplizierten Regeln, die wir nun konkret mit Ihnen durcharbeiten wollen. Der theoretischste Zugang zum freien Klettern geschieht am Block, denn da wird (fast) nichts anderes als ein Paar Schuhe benötigt.

Block

Schon im ersten Teil wurde besprochen, was ein Block ist. Lassen Sie uns hier eine wichtige Angabe machen: im allgemeinen

denkt man, daß ein Block, wenn er klein ist, leicht sein muß, und daß eine Felswand, wenn sie hoch ist, schwierig sein muß. Was aber heute die Schwierigkeit des freien Kletterns ausmacht, ist nicht die Länge der Route, sondern die Größe der Haltepunkte. Eine Route von vier Metern kann unverhältnismäßig schwieriger sein als eine von 400 m. Es gibt sehr einfache große und sehr schwierige kleine Blöcke. Bis zum höchsten erreichten Niveau, das 1987 nahe am Block-8a lag. Dabei ist zu bedenken, daß das nicht dem Felswand-8a entspricht. Denn am Block kann man so oft versuchen, wie man will; da man zwei Meter vom Boden entfernt ist, kann man die Haltepunkte sehen und viel öfter probieren. Immer wenn man runterfällt, fängt man wieder von vorne an. An den schwierigen Blöcken sind die Haltepunkte sehr klein und weit voneinander entfernt. Es kann passieren, daß man sehr ungewisse Bewegungen macht, 150 mal daneben greift, bis man endlich Erfolg hat. An der Felswand würde das viel zu lange dauern. Zur Zeit gibt es keine Routen an Felswänden, die so hart sind wie am Block. Im Prinzip ist das Klettern am Block nicht gefährlich. Der Boden ist oft sandig; und wenn Wurzeln oder Felsstücken den Fuß behindern, muß man lernen, sich gut zu schützen (Photo) und springen zu vermeiden, denn die Wirbelsäule mag das nicht sehr. Wenn man sich gut schützen kann, kann man sich wirklich ganz und gar der Sache widmen. Das Klettern am Block ist eine ganz eigene Technik. Sie kann sich übrigens selbst genügen und muß nicht eine Vorbereitung für andere Dinge sein. Das kann natürlich das angestrebte Ziel sein, aber Klettern am Block ist vor allem eine eigene Disziplin. Die Gegeben-

***Oben links:* Das Festhalten mit den Fußspitzen erleichtert die Arme.**
***Oben rechts:* Wenn die Bauchgegend mit im Spiel ist, muß man die Füße am Fels halten und sich eng an die Krümmung anlegen.**
***Linke Seite:* Am Block kann eine Route von vier Metern unverhältnismäßig härter sein als eine von 400 m. In der »Klagemauer« (7b/c) in Fontainebleau.**

heiten sind nicht die gleichen wie an der Felswand. Die Realisierung ist erreichbarer, räumlich gesehen. Materiell auch, weil man praktisch nur Schuhe und Harz verwendet. Man packt in einen kleinen Stoffbeutel zerstoßenes Harz, das gut klebt und die Haftung am Felsen und der Hände erhöht. Sie können auch Magnesia gegen das Schwitzen verwenden. Das führt aber zu Problemen. Da die Blöcke mit den Händen angefaßt werden, werden die Haltepunkte, wenn man zuviel Magnesia verwendet, davon bedeckt, wodurch die Haftung stark verringert werden kann. Vor allem bei Sandstein, wie in Fontainebleau. Wir haben schon von den Gefahren dieser Verschmutzung gesprochen. Ein Block ist klein. Klein, aber schwierig. In einem Block ist alles konzentriert. Der Schwierigkeitsgrad kann auf einer sehr kurzen Passage sehr extrem sein. Auch die Fehler sind gut sichtbar. Am Block werden die Mängel eines Kletterers sehr schnell gesehen, man kann nichts vortäuschen. An der Felswand kann man sich mit Drehungen oder ästhetischen, aber nicht unbedingt wirkungsvollen Gesten heraushelfen. Am Block zählt die kleinste Bewegung, um weiterzukommen, weil man viel leichter seine Grenzen erreicht. Eine Bewegung ist bindend. Sie ist nicht unbedingt für jeden gleich, aber für den einzelnen bindend. Man muß *die* richtige, unumgängliche Bewegung finden. Diese Kenntnis erlangt man beim Klettern mit hohem Schwierigkeitsgrad nach einiger Mühe. Fontainebleau und die anderen Gegenden sind also ausgezeichnete Schulen für die technische Ausbildung. Den Blick für die unbedingt nötige Bewegung erwirbt man in Fontainebleau, und zwar sehr schnell. Darüberhinaus gibt es in Fontainebleau speziell für Anfänger gekennzeichnete Strecken. Die verschiedenen Wegmarkierungen auf den ausgeschilderten Strecken dienen dazu, daß sich jeder zurechtfindet. Ein Großteil des Interesses am Block beruht darauf, daß man in sehr kurzer Zeit alles ausprobieren kann. Man probiert und hat Erfolg oder nicht. Man macht das gleiche am nächsten Block und versucht, je nachdem, eine schwierigere oder leichtere Route. Es ist sehr leicht, Fortschritte zu machen: sobald man einen Block mit einem gewissen Schwierigkeitsgrad geschafft hat, findet man zwei Meter weiter einen schwierigeren, mit dem man sich dann wieder auseinandersetzen kann. Die Möglichkeiten sind praktisch unbegrenzt. Und es ist »leicht«, bis an die Grenzen des Machbaren zu gehen: man kann ständig seine Leistung überprüfen. An der Felswand findet man schlecht eine Route, bei der die eigene Höchstleistung festgestellt werden kann, weil zum Schwierigkeitsgrad noch eine ganze Reihe psychologischer Faktoren hinzukommt, wie die Angst vor dem Sturz. Außerdem ist es weniger einfach, ein Seil auf einer Route anzubringen und dann daran hochzuklettern, als am Fuße eines Blokkes zu stehen, den man ausprobieren will. Jeder kann alle Blöcke ausprobieren. Der Anfänger oder Fortgeschrittene, der sich vervollkommnen will, findet in Fontainebleau sofort eine ungeheure Vielfalt an Schwierigkeitsgraden. Er kann auswählen, seine Leistungsgrenze finden, dann seine Ansprüche höher schrauben. Für einen völligen Anfänger ist der Block keine Pflichtübung, aber ein Garant für schnellen Fortschritt. An der Felswand braucht der Anfänger etwas länger, um sich an alles Ungewohnte zu gewöhnen: den möglichen Sturz, die Leere, das Seil, die Sicherungsmanöver. Am Block wird er sofort mit dem eigentlichen Klettern konfrontiert. Der Block ermöglicht die reinste Form des Kletterns. Für manche sogar die sympathischste, die angenehmste. Man kann sie barfuß ausüben und sogar als Dreijähriger an einem kleinen Felsen. Der Block ist eine ausgezeichnete Schule mit einer Fülle von Übungen zur Vervollkommnung. Aber man kann auch Spaß dran haben, einfach draufloszuklettern,

weil der Sturz keine Rolle spielt.
Die Methoden der Hilfestellung sind sehr wirkungsvoll. Wie leistet man Hilfestellung? Der Hilfestellung Leistende darf keine Angst haben, sich unter den Kletterer zu stellen. Und wenn der Kletterer fällt, darf der andere nicht zurückweichen. Er muß unten stehen bleiben, die Hände hochstrecken, den Kletterer auffangen, indem er ihn an den Schenkeln unterhalb des Gesäßes packt, und dann seinen Sturz mildern, indem er mit zu Boden geht. Auf jeden Fall darf er ihn weder unter den Achselhöhlen noch an den Hüften packen. Wenn der Block wirklich sehr exponiert ist, ist mit zwei Hilfestellung Leistenden die totale Sicherheit gewährleistet. Wenn die Blöcke sehr hoch oder zu gefährlich sind, muß ein Seil benutzt werden. Und schon verliert die Sache ihren Reiz als Spiel und als Übungsgelände.
Nach einer der gängigsten Ansichten soll man auf seinen Füßen klettern lernen. Sich auf die Füße verlassen, sie richtig setzen und benutzen, das ist sehr schwierig. Man muß darauf viel Aufmerksamkeit verwenden. Es geht nicht darum, sich beim Klettern zu sagen: »Guck an, ich denke an meine Füße!« Man muß sich zwingen, nur mit den Füßen zu klettern, was in Fontainebleau auf jeden Fall möglich ist. Dort gibt es ziemlich glatte, wenig geneigte Felsplatten, auf denen man sich bemühen wird, so wenig wie möglich die Arme zu gebrauchen. Die Grundübung für einen Anfänger besteht darin, sich auf eine glatte, um 45° geneigte Platte zu stellen und darauf ohne Hilfe der Hände zu gehen. Er lernt so, seine Füße zu setzen, sich leicht auf sie abzustützen, seinen Gleichgewichtssinn einzuschätzen und seinen Füßen zu vertrauen. Als zweite Etappe probiert er ohne Hände. Er benutzt nur die Ellenbogen oder er legt die Hände auf den Rücken. Er lernt, das Körpergewicht von einem Bein auf das andere zu verlagern, achtzugeben, daß er nicht zu heftig mit den Füßen ist, weil sie rutschen könnten. Sollte dies passieren, so muß er nachgeben. Auf jeden Fall nicht umdrehen, immer mit dem Gesicht zum Felsen bleiben. Genauso beim Abstieg: Gesicht immer zum Felsen. Auf die Gefahr hin, alten Prinzipien untreu zu werden! Wenn man es mal geschafft hat, seine Füße ordentlich zu benutzen, kann man damit anfangen, seine Kraft zu gebrauchen. Dabei sollte stets beachtet werden, daß man umso größere Lust hat, die Kraft zu gebrauchen, je größere Fortschritte man darin macht, und umso weniger denkt man dann dabei an die Füße. Zur Entwicklung der Kraft in den Fingern ist Fontainebleau gut geeignet: es gibt dort sehr, sehr kleine

Hilfestellung: unterhalb vom Kletterer bleiben, die Arme ausstrecken und seinen Sturz abmildern, in dem man ihn genau unter dem Gesäß packt.

Rechts: den Fels entschlüsseln, vorwegnehmen, grundlegende Qualitäten beim Klettern auf Sicht: »El chochoduerme« (7b) Verdon. Rechte Seite: Visualisierung, Vorwegnahme, Konzentration: auf Sicht in »Exquise esquisse« (Tolle Skizze) (7b) in Buoux.

Hohe Schwierigkeit in »Les mains sales« (Die schmutzigen Hände), dem zweiten 8b in Frankreich nach »Chouca« in Buoux.

Durch die Magnesiaspur kann man den Ankunftshaltepunkt dieses phänomenalen Wurfs anvisieren; hohe Schwierigkeit am Block: »Take it or leave it« (7c/8a), Verdon.

Alle Möglichkeiten suchen, optimieren.

Haltepunkte auf sehr sportlichen, überhängenden Passagen. Sobald man sich technisch fit genug fühlt, kann man dorthin gehen. Mit der Vorstellung, zu Beginn sehr leicht Fortschritte hinsichtlich der Kraft machen zu können, wird man schnell auf der Stelle treten, wenn man sich nicht um die Fußtechnik kümmert. Vielleicht für lange Zeit. Die nächste Etappe besteht darin, dynamische Bewegungen zu probieren: das Springen von einem Bein aufs andere. Um den nächsten Haltepunkt zu erreichen, peilt man, wenn es einem nicht gelingt, das Gleichgewicht zu halten, den Punkt an und springt schnell darauf zu. Man lernt, dynamisch und vor allem genau koordiniert in den Bewegungen zu sein. Manchmal muß man eine Hand und einen Fuß gleichzeitig lösen, was ein ganz besonderes Körperbewußtsein herbeiführt. An der Felswand ist es, wenn man 30 Meter über dem Boden ist, selbst am Seil nicht immer leicht, sich in die Luft zu werfen, um nach einem Haltepunkt zu greifen. Am Block sieht man genau, wo der Haltepunkt ist, man weiß genau, was zu tun ist: man kann ihn verfehlen, sooft man will, bis man ihn, nicht zu hoch und nicht zu tief, genau auf der richtigen Höhe sieht. Der Trick: man springt hoch und greift genau in dem Augenblick, bevor man wieder runterkommt, nämlich dann, wenn man mechanisch im Gleichgewicht ist, nach dem Haltepunkt. Es ist klar, daß der Anfänger nicht damit beginnt, sondern damit, sich seiner Füße, dann all seiner Glieder zu bedienen, schließlich ein Bewußtsein für seinen Körper und seine Koordination zu entwickeln. Der Block ist wegen seiner Einfachheit eine ausgezeichnete Schule. Und wenn Fontainebleau auch ein Muß ist, so gibt es natürlich auch eine kleine »Blockschule« am Fuß eines Felsens oder in Ihrer Nähe. Aber achten Sie darauf, daß die Sicherheit am Block nur von Ihnen abhängt. Alleine am Block klettern ist gefährlich. Eine kleine Wurzel reicht, um einen verknacksten Fuß oder noch Schlimmeres zu verursachen. Ein Freund, der einen von uns ins Klettern eingeführt hatte, hatte alle großen bekannten Strecken der Alpen gemeistert, ohne jemals zu fallen. Eines Tages ging er in den Steinbruch La Carrière nach Grenoble. Zum ersten Mal. Am zweiten Block ist er aus 1,5 m gestürzt und hat sich die Wirbelsäule gebrochen. Er hat sich erholt, ist aber anschließend fast nicht mehr geklettert. Wir empfehlen Ihnen dringend, zu mehreren zu klettern und von Anfang an, beim Kletternlernen, auch gleichzeitig Hilfestellung leisten zu lernen. Das wird Ihnen dabei helfen, Verletzungen an den Knöcheln, Rückenquetschungen oder Handgelenkbrüche zu vermeiden. Wenn man oben auf einem drei Meter hohen Bock steht, gerät man leicht in Versuchung, auf einen anderen Block runterzuspringen. Wenn man aber an einem Tag 50 mal gesprungen ist, kann man mit 30 nicht mehr laufen. Man muß dieser Versuchung widerstehen. Das benötigte Material ist minimal: eine Matte, ein Paar Kletterschuhe und Harz. Die Matte dient dazu, bei Sand oder Erde am Boden die Füße abzuwischen, um nicht zu rutschen und die Route nicht zu beschmutzen. Im allgemeinen ist man für den Block mit ziemlich geschmeidigen Schuhen gut beraten: man gebraucht sehr wenig die Fußspitze, stellt sich mehr auf die Oberfläche und nutzt die Haftreibung. Wählen Sie die Schuhe nicht zu klein, denn Sie werden den ganzen Tag darin gehen. Sie bekommen schnell Fußschmerzen. Später ist es günstig, mit bequemen Schuhen zu klettern und als Zugabe ein Paar kleine Schuhe im Beutel zu haben, für den Fall, daß eine höhere Genauigkeit erforderlich ist. Es ist davon abzuraten, mit Turnschuhen anzufangen, weil man dann die Tendenz hat, mit zuviel Kraft zu arbeiten. Das Klettern am Block ist wirklich für jeden in Reichweite, und man kann sich sehr gut darauf beschränken. Beim Klettern ist es der spielerischste, sicherste und billigste

Aspekt. Einige machen nur das, am Wochenende oder am Abend. Als normal konstituierter Kletterer kann man nach etwa zehn Durchgängen in Fontainebleau einen V schaffen, wenn man vorsichtig ist und diese Ratschläge befolgt. Und an einem V in Fontainebleau kann man sich aufrichtig freuen. Er entspricht etwa den roten Rundwanderwegen (TD). Dieser Sport kann in jedem Alter ausgeübt werden. Man kann mit acht Jahren mit Blökken in entsprechender Größe anfangen, mit nicht zu weit auseinanderliegenden Haltepunkten, in einer sicheren Umgebung. Diejenigen, die im Film »La Lumière du Rocher« von Laurent Chevallier gesehen haben oder sehen werden, wie ruhmreiche Veteranen mit fast 80 Jahren historische Routen noch einmal erklettern, werden auch hinsichtlich ihrer eigenen Zukunft beruhigt sein. Wie sieht eine typische Passage am Block aus? Es ist eher eine Passage von drei Metern, mit vier oder fünf Bewegungen, wobei die Finger stärker beansprucht werden als die Arme. Die Füße nicht zu vergessen! Felsplatten wechseln sich mit Überhängen oder überhängenden Wänden ab; Risse sind selten. Die Haltepunkte sind flach, rund oder ekkig. Gibt es besondere Anordnungen zum Aufwärmen? Mit den Fingern, die sehr beansprucht werden, sollen Sie vorsichtig umgehen. Man darf sie am Anfang nicht zu sehr belasten. Besonders, weil gerade im Winter viel am Block geklettert wird; denn bei warmem Wetter ist der Fels sehr fettig. Ein zehnminütiger Waldlauf ist ideal. Man hat sich allzu leicht im Rücken oder sonstwo was geholt. Nach dem flüssigen Überlaufen von einigen sehr leichten Blökken fängt man allmählich richtig an, zunächst an Felsplatten, um sein Gefühl wiederzufinden. Dann sollte man stetig bis zu seinem Höchstmaß steigern, aber im Lauf von mindestens einer Stunde. Ein guter Durchlauf dauert drei Stunden. Eine Stunde Aufwärmen, zwei Stunden auf Hochtouren, das reicht! Zwei, drei mal pro Woche genügt, vor allem in Fontainebleau, wo die Kanten scharf sind und man sich nicht ewig abrackern kann. Mit einer solchen regelmäßigen und methodischen Vorbereitung sind wir bald in olympischer Form für das Klettern on sight.

Klettern on sight

An der Felswand, da wo ein Seil unerläßlich ist, wird man schon an Ort und Stelle befindliches, am Fels befestigtes Material benutzen: Fels- oder Bohrhaken. Eventuell werden auch Klemmkeile verwendet, die man selber anbringen muß. Unter Voranklettern versteht man nicht: so klettern, daß man vorankommt, sondern ganz einfach das Aufsteigen vom Boden aus, wobei man von unten von seinem Seilschaftskameraden gesichert wird. Beim Aufsteigen befestigt man nach und nach an den Zwischensicherungspunkten Karabiner an Expreß-Schlingen, durch die man wieder sein Seil laufen läßt, um ständig gut gesichert zu sein. Wohlgemerkt, die Zwischensicherungspunkte dienen nur der Sicherheit, um einem gefährlichen Sturz vorzubeugen, und auf keinen Fall dem Vorwärtskommen. Die technische Schwierigkeit einer Route hängt also nicht von der Zahl der Felshaken ab, sondern von Zahl, Größe und Abstand der Haltepunkte. Sie hängt ebenfalls ab von der überhängenden oder geneigten Form des Geländes. Das Klettern on sight ist eine Spielvariante (für manche die einzig gültige), die darin besteht, am Fuß einer Strekke loszugehen und oben anzukommen, ohne die Strecke vorher zu kennen. Also auch ohne Sturz, denn wenn man die Route neu anfangen muß, ist sie nicht mehr unbekannt. Und ohne, daß man vorher einen anderen Kletterer dabei beobachten konnte oder ihm die Würmer aus der Nase zog. Das ganze Klettern über muß man entdecken, beobachten, die richtigen Haltepunkte finden und sich ihrer bedienen. Die Bewegungen vorausahnen, logisch voranschreiten, ohne stürzen zu dürfen, das macht das Klettern on sight so aufregend und unvergleichlich.. Die beim Klettern on sight bewältigten Wege sind zwangsläufig weniger schwierig als vorbereitete. Man kann ein Klettern on sight probieren und scheitern. In dem Fall merkt man sich die Route, steigt wieder hinab und hat vielleicht Lust, das ganze zu wiederholen. Das ist dann keine reinere Form des Kletterns als das Klettern auf vorbereiteten Routen. Es ist nur eine eigene Form des Kletterns, die besondere Fähigkeiten erfordert: den Fels entschlüsseln können, in sich hineinhorchen können, behutsam vorangehen können. Das ist es, was man aus einem Klettern on sight herausholen kann, denn man weiß nie, was weiter oben ist. Beim Hochsteigen muß man schnell die Haltepunkte sehen und den Bewegungsfolgen vorgreifen. Von den im Fels befindlichen Haltepunkten aus muß eine Bewegungskombination gefunden werden, die ein Vorankommen ermöglicht. Die Fähigkeit, den Fels richtig zu entschlüsseln, ist ausschlaggebend. Manchmal muß man die Haltepunkte, wenn sie nicht zu sehen sind, erraten und es dann auch noch schaffen, sie zu analysieren: ist es ein umgekehrter Haltepunkt oder ein aufgebrochener? Muß dieser oder jener Finger benutzt werden? Manchmal wird man sich nur tastend vorwärts bewegen. Nicht alles wird zwangsläufig vollkommen klar sein. Klettern on sight ist für Fortgeschrittene unverzichtbar, da man zum Kräftesparen sehr genau auf das achten muß, was man gerade tut, aber auch auf das, was man zwei Bewegungen später tun wird. Auf den Passagen reicht das Blickfeld ungefähr bis zu den Haltepunkten für die Hände. Genau diese müssen zwei Meter weiter als Haltepunkt für die Füße benutzt werden. Und so weiter. Man kann sich immer etwas vom Fels lösen, um die Fußhaltepunkte zu sehen. Man muß lernen, das Beste draus zu machen. Welcher Haltepunkt ist mit der rechten Hand zu greifen, welcher mit der linken? Sie müssen falsche Bewegungen vermeiden und sich in die richtigen hineindenken. Wenn Sie erst mal wissen, was zu tun ist, müssen Sie in sich hineinhorchen, um nur das für ein Voranschreiten benötigte Minimum an Energie zu verbrauchen. Sagen Sie sich immer, daß es oben vielleicht schwieriger sein wird und Sie alle unten eingesparten Kräfte brauchen werden. Um Kräfte zu sparen, müssen Sie von guten Haltepunkten für Hände und Füße profitieren. Wenn Sie zwei gute Fußhaltepunkte haben, so daß Sie gut Gleichgewicht halten können, dann nutzen Sie das aus, um sich auszuruhen, indem Sie sich abwechselnd auf eine Hand stützen, den anderen Arm hängen lassen und ihn bewegen, um das Blut zirkulieren zu lassen. Bleiben Sie auch nicht lange unbeweglich stehen: verlagern Sie Ihr Gleichgewicht, Ihre Körperposition jedesmal, wenn Sie die Hand wechseln. Greifen Sie wieder zum Magnesia und betrachten Sie die oben in Frage kommenden Hand- und Fußhaltepunkte. Lösen Sie sich vom Felsen, schauen Sie so weit Sie können. Lernen Sie außerdem, schnell zu gehen, wenn es schwierig ist. Zögern Sie möglichst wenig, denn wenn Sie zu lange auf zu kleinen Haltepunkten bleiben, laufen Sie Gefahr, einen Krampf zu bekommen. Eine gute Formel ist, schnell zu gehen, wenn es schwierig ist, und sich Zeit zu nehmen, wenn es leicht ist. Ändern Sie häufig den Rhythmus. Dazu muß man Vertrauen haben. Sie werden schnell bemerkt haben, daß das Klettern on sight eine Menge Entschlossenheit und Überlegung erfordert. Das Ziel des Kletterns on sight ist es, den Fels schnell und gut entschlüsseln zu lernen und wirksame Entscheidungen zu treffen, denn jedesmal steht man vor einem Dilemma. Es läßt sich eine Parallele zum Autorennen ziehen: wenn man bei einer Ralley »auf Sicht« ohne Kenntnisse und Hinweise mitfährt, muß man vorgreifen, nicht zu weit und nicht zu schnell fahren, weil man sich plötzlich Aug' in Aug' mit einer unübersichtlichen und zu engen Kurve wiederfindet. Wenn man auf einer Rennbahn fährt, oder nach Erkundung der Strecke, findet man ähnliche Bedingungen wie beim Klettern auf vorbereiteten Routen. Das Vergnügen, das man bei diesen beiden Kletterarten empfindet, ist bei beiden verschieden. Beim Klettern on sight muß man bis an die Grenzen des Machbaren gehen, weil man sich ständig neu entscheiden muß. Alle Motivationsreserven sind mobilisiert. Wenn man sehr müde ist, nicht mehr weiter weiß, dann darf man sich nicht gehen lassen. Im Gegenteil, man muß immer weiter machen, sich sagen, daß eine Bewegung niemals überflüssig ist. Nur das unkontrollierte Öffnen der Finger kann ein Grund zum Aufgeben sein.

Hoher Schwierigkeitsgrad

Das Klettern bei hohem Schwierigkeitsgrad, also nach Vorbereitung, ist im Vergleich zum Klettern on sight eine andersartige, ergänzende, aber ebenso wichtige Disziplin. Die Ausgangslage ist die gleiche: man startet am Fuß einer Route, um sie zu erklettern, ohne zu fallen und ohne die Zwischensicherungspunkte als Fortbewegungsmittel zu benutzen. Aber im Gegensatz zum Klettern on sight ist die Realisierung langatmiger und mühseliger. Die Passagen sind technisch viel schwieriger, meist auch viel sportlicher und können nicht beim ersten Anlauf erklettert werden. Die Route, manchmal auch jede Bewegung, muß vorbereitet sein. Sie muß optimal gestaltet werden, damit sie eines Tages in einem Zug erklettert werden kann. Das schließt eventuelle Stürze natürlich nicht aus. Vergleichen wir noch einmal mit der Ralley: je besser man eine Kurve kennt, umso schneller kann man sie nehmen. Beim Vorbereiten der Strecke macht man oft viel heftigere Bewegungen als beim Klettern on sight, denn man nutzt alle Fels- und Körperreserven. Wenn man 100 mal Anlauf genommen hat, ist der 101. der Richtige und verhilft Ihnen zu einem Genuß, der höherwertig ist als die einfache Befriedigung über die geleistete Arbeit. Man hat vielmehr das Gefühl, was für seine Nerven getan zu haben. Schlüsselwort bei hohen Schwierigkeitsgraden ist die Optimierung. Man wird sich alle möglichen und vorstellbaren Mittel verschaffen, um jede Passage einzeln zu bewältigen mit dem Ziel, sie früher oder später miteinander zu verbinden, ohne dabei zu stürzen. Man könnte glauben, daß die erste Etappe der Vorbereitung kräfteverzehrend sei. Das stimmt nur dann, wenn Perfektion angestrebt wird. Man muß die geschicktesten Bewegungen finden, seinen Sinn für Vorstellung, Gleichgewicht und Gewichtsverlagerung, alle erworbenen oder potentiellen technischen Möglichkeiten ansprechen. Die Lösung wird wie bei einem Schachproblem oder einer komplizierten mathematischen Gleichung gesucht: gegeben sind X Haltepunkte am Fels, nicht mehr und nicht weniger. Mit ihnen müssen Y zufällige Bewegungen gebildet werden. Alle technischen Möglichkeiten sind gefragt; aber auch alle, die noch nicht bekannt sind. Weil man überhaupt keinem Zwang unterliegt, weil man beliebig viel Zeit hat. Im Gegensatz zum Klettern on sight, bei dem man bei zu langer Suche Gefahr läuft, zu ermüden und abzustürzen. Manchmal zwingt man sich beim Klettern on sight über das normale Engagement hinaus, obwohl man viel effektiver oder eleganter hätte handeln können. Im Gegensatz dazu ist das

Ziel der Vorbereitung, die »leichte« Lösung zu finden. Sobald man eine Passage oder eine Bewegung bewältigt hat, darf man sich nicht damit zufrieden geben, diese als einzig gültige anzusehen. Man muß sich immer fragen, ob es nicht noch eine einfachere Art gibt, die Haltepunkte zu fassen, den Körper oder die Füße zu plazieren. Ein Kletterer, der nach sechs Monaten in der Lage ist, eine 6b zu meistern, wird beim Vorbereiten eines 6c zwangsläufig Fortschritte machen. Jedenfalls geht dabei kein Harz drauf. Aber man darf sich nicht nur damit abmühen. Das Klettern on sight ist nötig zur Entwicklung verschiedener Fähigkeiten: Einschätzen des Felsens, Motivation, Entschlossenheit.
Zur Wiederholung: die beiden Tätigkeiten ergänzen sich. Von dem Moment an, da beim Klettern on sight das höchste Niveau erreicht wurde, machen selbst die Besten keine Fortschritte mehr. Wenn Sie an einem 6b scheitern, sollten Sie sich solange an ihm versuchen, bis Sie ihn schaffen oder bis Sie wissen, woran Sie scheitern.
Ein anderer Fall: Sie gehen von dem tollen Vorsatz aus, alle Routen on sight erklettern zu wollen, um sich ständig einschätzen zu können, und scheitern dann an einem zu schwierigen Versuch. Sie brauchen deshalb diesen Vorsatz nicht für immer aufzugeben. Bereiten Sie nach dem Sturz die Passage vor, optimieren Sie beharrlich Ihre Bewegungen und es wird Ihnen schließlich gelingen, die Route in einem Zug zu erklettern. Es kann passieren, daß man in einen Teufelskreis gerät und bei allen Touren on sight scheitert, so daß die Motivation gefährlich nah am Umkippen ist. In dem Fall ist guter Rat nicht teuer: man muß sich an die Arbeit machen. Man darf sich jedoch auch nicht darauf beschränken. Das Klettern als Geführter hat seine Grenzen, vor allem für einen Anfänger. Ein Anfänger darf nicht lange als Geführter klettern, er muß voran- und on sight klettern. Und wenn er eine Route vorbereitet, auch wenn er dabei scheitert, ist es sinnvoller, wenn er nochmal dorthin vorankletttert, diesmal als Führender. Das Klettern als Geführter ist in Wirklichkeit nur ein Mittel zum Zweck. Es ist keineswegs das endgültige Ziel. Es ist ein gutes Mittel insofern, als sich das Problem des Stürzens nicht mehr stellt. Man kann also ruhiger seine Technik verbessern und wertvolle Entdeckungen machen. Nach und nach wird man schließlich

Eindrücke austauschen, Techniken vergleichen, ein nützlicher Zeitvertreib.

die beste Methode, sich dieser oder jener Passage zu nähern, erfassen. Wenn das mal geschafft ist, muß man eines Tages zum Hauptakt übergehen: die ganze Route in einem Zug zu erklettern. Dazu müssen alle Gegebenheiten gleichzeitig da sein. Nun, da die Lektion ordentlich gelernt wurde, muß sie wiederholt werden, und zwar ohne Fehler. Ungefähr wie bei einer Gymnastikvorführung am Wettkampftag. Man hat schon alle Bewegungen einzeln gemacht, das Problem ist nun, sie alle bis zum Ende richtig aneinander zu hängen. Alles mündet in den Tag X. Dann müssen Sie äußerst konzentriert und motiviert sein. Es muß nicht unbedingt ein Erfolg werden. Falls man stürzt, kommt es darauf an, erneut loszugehen und sich im Geist davon zu überzeugen, daß man diesmal mehr Glück haben wird als beim ersten Mal. Oft stürzt man, weil eine Passage nicht genügend optimiert wurde. Obwohl sie vorher zu schaffen war, als man sie isoliert anging. Aber im Verlauf der Route merkt man plötzlich, daß man nach 20 Metern Klettern zu erschöpft wäre und nicht mehr könnte. Da gibt es ein Mittel. Vergewissern Sie sich an jedem Absturzpunkt, ob es nicht eine leichtere Möglichkeit gibt. Das Klettern bei hohem Schwierigkeitsgrad ist ohne Zweifel die Form des freien Kletterns, die es einem erlaubt, sein wirklich höchstes Niveau zu erreichen. Beim Klettern bei hohen Schwierigkeitsgraden fehlen die Faktoren Glück und »Vorausahnen« des Felsens. Man hat beliebig viel Zeit zur Verfügung. Alle Mittel sind recht, um die Ziele zu erreichen und die ganze Route zu erklettern. Die einzige Bedingung ist: fallen können. Es ist auch die ausgefeilteste Form, wobei Motivation, Vertrauen und Entschlossenheit unerschütterlich sein müssen. Oft kann ein Erfolg auf persönlichem Top-Niveau mehrere Tage Vorbereitung oder gewissenhafte Versuche erfordern. Eine Tour on sight dauert im allgemeinen eine ¼ oder ½ Stunde. Um nicht zu stürzen, muß man in dieser sehr kurzen Zeit alles geben, was man kann. Die Vorbereitung einer Route kann einen Tag erfordern, oder drei Tage oder einen Monat, drei Monate, manchmal ein Jahr. Nun ist es aber sehr schwierig, die Motivation über Wochen oder Monate zu erhalten. Es ist ein langwieriges Unternehmen, bei dem der Ausgang lange Zeit unsicher bleibt. Das Klettern on sight ist kürzer, die Bestätigung kommt schneller.

Schwierigkeits-bewertung

Seit in den 30er Jahren Willo Welzenbach den Schwierigkeitsgrad VI schuf, die »äußerste Grenze der menschlichen Möglichkeiten«, ist die Schwierigkeitsbewertung der Stein des Anstoßes beim Klettern, der unerschöpfliche Quell zahlreicher mehr oder weniger objektiver Kontroversen. Und das hat sich bis heute nicht geändert. Ist dieser 8b in Wirklichkeit ein 8a ± oder ein 8b ±? Wovon hängt das ab? Von der Windgeschwindigkeit oder vom Alter des Anführers? Eher von dem halbamtlichen, etwas mysteriösen Kreis der besten Kletterer oder ganz einfach den örtlichen Fachleuten. Diese durch Buschtrommeln oder die Medien anerkannte Autorität verleiht ihnen gesetzgebende Macht auf diesem ach so wichtigen Gebiet. Seit der Renaissance des freien Kletterns vor zehn Jahren ist der Ziffern-Code der Schwierigkeitsbewertung enorm verfeinert worden. Wenigstens bis zum 8er. Ein 6c ist mittlerweile ein sicherer, zuverlässiger und genauer Wert. Man hatte erbittert darum kämpfen müssen. Einige entwickelten die alte Welzenbach-Skala weiter bis zum X., ja sogar XII. Grad etc. Einige schreiben römische, andere arabische Ziffern, es kommt ganz auf den kulturellen Hintergrund an. Jedes Land hat natürlich sein eigenes System. Da sich aber das Klettern »à la française« ausbreitet, scheint das französische sich überall durchzusetzen, wenigstens dort, wo die Tradition des freien Kletterns keine allzu tiefen Wurzeln hat. Solange die Felswand weniger wert war als das Hochgebirge, gab es zahlreiche und komplizierte Parameter. Man mußte die Länge der Route berücksichtigen, die Zeit, die sie benötigte, ihre Lage und ihre Anforderungen, die Qualität des Felsens, die Anzahl der Felshaken vor Ort usw. usf. Die heutigen Parameter sind

ganz anders. Wozu dient eigentlich eine Schwierigkeitsbewertung? Unter anderem dazu, daß darüber geredet wird. Aber ihr ursprüngliches Ziel ist es, eine Information zu liefern, die sich ständig ändert und dabei peinlich genau ist, gerade wie der Verkehrsbericht im Radio. Zunächst erlaubt sie im alltäglichen Gebrauch, die Schwierigkeit der Route, die man ausprobieren will, zu erfahren, damit man sich nicht auf eine zu leichte oder zu schwierige Strecke einläßt. Im allgemeinen hilft sie dabei, Bezugspunkte festzulegen. In sechs Monaten besteigen Sie einigermaßen sicher einen 6b und einen oder zwei 6c, ein Jahr später einige 7a und alle 6c usw. Wenn man einmal weiß, wo man sich in diesem Durcheinander befindet, kann man sich den Routen auf dem passenden Niveau annähern und weiß ungefähr, worauf man sich gefaßt machen muß. Die angegebenen Schwierigkeiten verwirren im allgemeinen nicht zu sehr. Sicher, für einen Anfänger ist es nicht selbstverständlich, sich zurechtzufinden. Er wird insbesondere glauben, daß manche Felswände anstrengender sind als andere. Das hat noch vor kurzer Zeit gestimmt: die Gorges du Verdon, wo zum ersten Mal das neue freie Klettern ausprobiert wurde, hatten den Ruf, schwieriger zu sein als der Vercors, der seinerseits im Vergleich mit Buis-les-Baronnies nach großen Abenteuern aussah. Das hat sich alles vereinheitlicht. Zuerst, weil die Tendenz zu kurzen Routen geht, man dabei nicht mehr riskiert, im Unwetter zu verdursten. Dann, weil die grundlegenden Konzepte verändert wurden. Kann man sich denn auf die Einheitlichkeit der Schwierigkeitsbewertungen verlassen? Sie sind eher Hinweise, die nicht allumfassend sind. Sie können sich gemäß der Konstitution der Kletterer verändern. Wenn zwei Haltepunkte zwei Meter auseinander liegen, hat es ein großer Kletterer leichter. Wenn es sich aber um eine eng zusammengestellte Passage handelt, wird ein kleiner Kletterer besser durchkommen. Die Schwierigkeitsbewertung hat also nichts mit den biblischen Gesetzestafeln zu tun; sie kann variieren. Einige können mit dem einen oder anderen Klettertyp größere Schwierigkeiten haben und die eine Bewertung etwas streng, die andere etwas locker finden. Sie bleibt dennoch eine Information, die eine wichtige psychologische Auswirkung hat, weil sie das Niveau des Kletterers im Vergleich mit anderen festlegt.
Sich selbst beurteilen können ist weitaus befriedigender und völlig ausreichend. Wenn man z. B. auf dem Niveau 6a ist und eines Tages einen 6b schafft, ist man zufrieden, sich um einen Grad gesteigert zu haben. Weil der Fortschritt zugleich das Ziel und einer der Hauptfaktoren der Motivation ist, stellt dies eine Quelle der Befriedigung dar. Umgekehrt kann es manchmal frustrierend sein, wenn man den Eindruck hat, eine Route zurückgelegt zu haben, die schwieriger ist als eine, die man leichter einschätzt, obwohl sie genau gleich eingestuft ist. Es ist befriedigender, eine unterbewertete Route ohne Problem zu meistern. Gerade hier liegen die psychischen Auswirkungen und die Ursachen für Streitereien über die Schwierigkeitsbewertung. Aber lassen wir das beiseite und betrachten es einfach als grundlegenden Fehler im System. Es ist schwierig, aber sehr wichtig, das alles nicht zu eng zu sehen. Eine Felswand ist nicht schwieriger als eine andere. Eine Route ist schwieriger als eine andere. Was macht nun die Schwierigkeit aus? Nicht mehr die Länge der Route, sondern die Größe und Entfernung der Haltepunkte.
Es ist leichter, sich an einem Balken auf Schulterhöhe hochzuziehen, als an einem 1 cm dicken Stäbchen, das man gerade noch mit den Fingerspitzen erreicht. Genauso ist es leichter, auf einer Leiter hochzusteigen, auf der die Trittstufen 50 cm auseinander sind, als auf einer anderen, wo der Abstand 1,5 m beträgt. Das scheint nur logisch. Neben der Größe der Halte-

punkte und ihrer Entfernung untereinander spielt auch die Steilheit der Route eine Rolle. Bei einer geneigten Strecke braucht man zum Vorankommen viel weniger Haltepunkte als an einem Überhang. Nachdem sie eine Vorstellung von der technischen Schwierigkeit vermittelt hat, bezieht die Schwierigkeitsbewertung auch das psychische und psychologische Engagement, das die Route abverlangt, mit ein. So wird z. B. eine Route von drei Metern Länge viel strenger bewertet als eine von 30 Metern Länge. Deshalb hat Fontainebleau strengere Bewertungen: der Schwierigkeitsgrad ist höher, kann aber leichter angegangen werden. Eine Route von 50 m stellt einen gewaltigen Aufwand an Zeit und Willen dar. Am Fuß einer 50-m-Route weiß man von vornherein, daß der Versuch lange dauern wird. Man wird durchhalten müssen, und das ist hart. Die Schwierigkeitsbewertung berücksichtigt auch die Zugänglichkeit. Sie ist weniger milde, wenn die Route oben am Ende einer Strecke liegt, so daß man drei Stunden gehen muß, um dorthin zu gelangen. Genauso, wenn sie sehr stark dem Wind ausgesetzt ist, denn Angst kann unsere Fähigkeiten durchaus mindern. Wenn Ihnen ein treuloser Mensch unverschämterweise ins Ohr flüstert, daß der 6b, den Sie gerade brillant eingenommen haben, nur ein primitiver 6a ist, regen Sie sich nicht auf! Sie wissen es besser als er; und je besser Sie es wissen, umso leichter können Sie Fortschritte machen und sich verbessern. Und wenn Sie auf einer Route scheitern, die Sie eigentlich hätten schaffen müssen, dann zerbrechen Sie sich darüber nicht den Kopf! Man kann nicht jeden Tag in Form sein. In Frankreich fängt die Skala bei 4 an. Genaugenommen gibt es zwei Skalen: im Gebirge sind die Routen mit III, IV, V, VI bewertet, ab VI ändert sich das plötzlich: man besteigt einen 6a, 6b, 6c usw. Am Block ist zwischen 3 und 4 ein ziemlicher Einschnitt. Den Unterschied zwischen 4a und 4b spürt man tatsächlich. Die Haltepunkte werden kleiner. An der Felswand beginnt die richtige Schwierigkeitsbewertung bei 4. 1, 2 und 3 stellen die allerersten Kletterhürden dar. Die werden nicht einmal mehr erwähnt.

Solo

Achtung! Finger weg vom Solo! Die Definition von Solo ist sehr einfach: man klettert ohne Seil, mit nichts anderem als seinen Schuhen. Manche sprechen von Extremklettern oder sogar vom »wahnsinnigen« Klettern. Wir wollen vor allem klarstellen, daß es sich hierbei um eine eigene Praktik handelt, die eine Randerscheinung ist, weil sie so gefährlich ist. Gefährlich, weil man natürlich nicht stürzen darf. Wenn man fällt, ist man tot. Auch wenn man »nur« 15 m über dem Boden ist, auch wenn man sich beim Sturz nur einen Knöchel bricht: im Bewußtsein des Solo-Kletterns heißt Sturz Tod. Deshalb können die Solo-Anhänger auch von Wahnsinnsklettern sprechen. Es ist wie eine Sekte mit fanatischen Anhängern. Aber Vorsicht! Das Solo ist weder der Anfangspunkt des Kletterns, noch sein Endzweck. Es ist eine individuelle Praktik, die nur das Individuum verpflichtet. Es kann die Erfüllung eines Traumes sein, die Suche nach Reinheit oder die Krönung einer Karriere; für andere ist es nur ein Schauspiel. Heutzutage ist Solo-Klettern das Gebiet, auf dem das Klettern nicht nur zu einem Sport mit hohem Schwierigkeitsgrad, sondern auch mit großen Gefahren wird. Früher hatte das traditionelle Klettern fast immer den Anstrich großer Gefahren. Das ist heute mit den vorhandenen Ausrüstungen, den elementaren Sicherheitsvorkehrungen, die wir weiter oben dargestellt haben, nicht mehr der Fall. Außer beim Solo, das

Ohne Seil, ohne alles, einsam: David Chambre in »TCF« (7a) in Buoux.

also eine Randerscheinung bleibt und natürlich für Anfänger und solche ohne genügende Erfahrung nicht zu empfehlen ist. Schon auf einer Route von sechs Metern kann man Solo sein. Aber Solo ist eher ein Geisteszustand als eine Frage von Höhe oder Engagement. Das freie Klettern wurde dem breiten Publikum durch die Filme von Jean-Paul Janssen über Patrik Edlinger, vor allem »La vie au bout des doigts« (etwa: ein Leben an den Fingerspitzen), bekannt gemacht. Die stärksten Stellen in diesen Filmen sind die Solo-Klettertouren von Patrik. Aber daraus darf man nicht ableiten, daß das Solo die gängigste Praktik ist. Oder die beliebteste oder bereicherndste oder nötigste. Solo ist überhaupt nicht nötig. Es ist sehr spektakulär und wird mit Freiheit in Verbindung gebracht, wie das Motorrad im Gegensatz zum Auto oder der freie Flug im Gegensatz zum Flugzeug. Es gibt weder Netz noch doppelten Boden; für manche ist Klettern ohne Seil eine Art, die Nabelschnur zu durchtrennen. Aber dafür muß man reif sein. Es kann schädlich sein, klettern zu lernen mit dem Ziel, Solo zu klettern. Man muß warten, bis einen die Lust überkommt. Und selbst an dem Tag muß man sich im Klaren sein über den nötigen psychologischen Aufwand und die Gefahrenschwelle, die nicht überschritten werden darf. Und das ist sehr schwer genau festzulegen. Man kann an einem Morgen, an dem alles dies zutrifft, sehr früh aufstehen. Die Felswand steht auch alleine da und ist in weißes Licht getaucht, noch nicht gestört von den Rufen und Blicken der Eroberer. Man fühlt sich gelöst und voller Kraft. Man weiß, daß alle Haltepunkte auf den Millimeter genau passen. Man stellt sich schon den letzten Augenblick vor. Man ist bereit. Alles wird gutgehen. Aber wenn man anfängt, davon zu träumen, Aufsehen zu erregen, spielt man sehr hoch, denn diese Motivation kann die Wahrnehmung der wirklichen Gefahren beeinträchtigen. Solo ist phantastisch, wenn man das Vergnügen der reinen, idealisierten Bewegung sucht. Man kann besser als normal klettern und dabei eine maximale Konzentration erreichen. Aber man kann bei der geringsten psychologischen Störung auch weniger gut klettern. Manche klettern Solo, um sich in Angst zu versetzen, aber das sind nicht viele: sie halten nicht lange durch. Beim Solo schöpft der Solo-Kletterer normalerweise alle seine Möglichkeiten leichter aus. Weil er gezwungen ist, perfekt zu sein, ist er es auch. Eine conditio sine qua non: im Verlauf der Route keine Frage über die Zukunft stellen. Um Spaß zu haben, muß man sich immer an das ungewöhnliche Jetzt, das man gerade erlebt, halten. Ein Solo im Eiltempo hinlegen, mit einem Kopf, der vorher gestreßt, während der Tour leer und bei der Ankunft geschwollen ist, hat damit nichts mehr zu tun. Das Solo ist sensationell, aber es soll es im eigentlichen Wortsinn bleiben: ein Mittel, neue, sensible Gefühle zu erleben. Wenn das Klettern on sight Entschlossenheit fordert, und das Erklettern einer Route nach Vorbereitung einen gewissen Masochismus, ja sogar Scheuklappen verlangt, so braucht das Solo klaren Verstand. Man muß sicher sein, nicht zu stürzen. Zu 100%. Man wird leichter eine bekannte als eine unbekannte Route bewältigen, es sei denn die unbekannte ist sehr leicht. Was macht es schon, wenn der Schwierigkeitsgrad, den man normalerweise in der Seilschaft erreicht, wesentlich höher liegt als beim Solo? Man muß vor allem den genauen Schwierigkeitsgrad kennen, bei dem man sicher ist, Freude zu haben, d. h, entkrampft und ohne Zwang zu klettern. Aber überlassen wir nun das Solo den Solisten.

Die Felswand von Saussois im Herbst.

Symphonie der Bewegungen

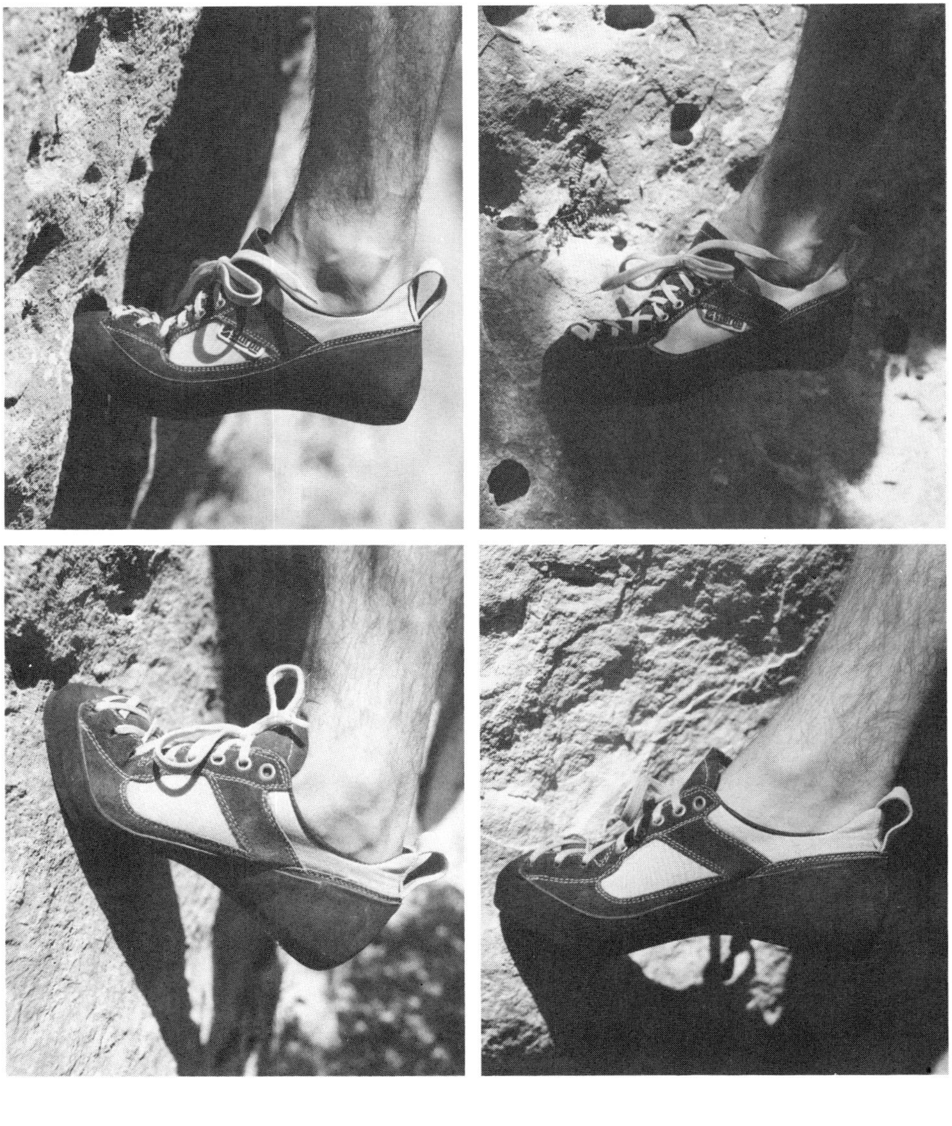

1. Fußhaltepunkte:
Rechts: Fußspitze in einem Loch
ganz rechts: internes Rißklettern
rechts: Reibungsklettern
ganz rechts: externes Rißklettern (dabei hat man im kleinen Zeh weniger Kraft als im großen und setzt den Fuß am besten beim ersten Zehengelenk auf).

2. »Rêve d'un papillon« (Traum eines Schmetterlings) in Boux. Abstützen auf den linken Fuß, rechter Fuß im Leeren, der Schwerpunkt bleibt unter der rechten Hand, während sich die Schultern nach links drehen, um den Haltepunkt für die linke Hand zu suchen.

Diesmal im Gleichgewicht auf der linken Hand und dem linken Fuß, der rechte Fuß geht balancierend nach links, um einen Dreheffekt zu vermeiden. Der linke Arm ist gestreckt, um den Bizeps zu entspannen, und man kann dann die rechte Hand zurückholen.

Linker Hand ziehen, um den rechten Fuß stellen zu können, der linke Fuß ist immer noch am selben Haltepunkt.

Der linke Arm ist nun geknickt, um die Verlängerung zu erhöhen. Der linke Fuß ist wieder im Leeren und diese Schulterbewegung gestattet es, die rechte Hand zu überkreuzen.

Blockieren linker Hand bei abstützen auf den linken Fuß. Man muß wieder das rechte Bein überkreuzen, um das Gleichgewicht zu finden, diesmal aber von innen.

Schlußblockieren: jetzt genügt es, konzentriert zu bleiben, um einen Fehler durch Unachtsamkeit zu vermeiden und die Route zu schaffen.

TAKTIK

Körperliche Vorbereitung

Einleitung

Beim Klettern ist die taktische Annäherung an eine Route von grundlegender Wichtigkeit, wenn man in seiner persönlichen Schwierigkeitsskala eine Stufe höher rücken will. Aber bevor man ein guter Kletterer und Taktiker ist, muß man ein guter Gesundheitsstratege sein. Ein guter Kletterer wird durch Neigung zu Krämpfen in seinem Sport ebenso beeinträchtigt, wie ein begabter Schachspieler durch nervliche Erschöpfung. Und nun? Wir werden Sie jetzt nicht mit Kochrezepten à la Reformhaus malträtieren... Wir sind ja keine Unmenschen. Die Gesundheit ist wie ein Frühstücksbuffet, an dem jeder seine Mahlzeit selbst zusammenstellen muß. Trotzdem schlagen wir Ihnen einige Gerichte vor. Klettern ist ein »Vollwert«-Sport, psychisch und physisch. Zwar ist die größte Investition psychischer Natur, aber es geht nicht darum, den Körper an der Garderobe abzugeben und nur noch mit dem Kopf zu klettern. Die Aussage mag pedantisch erscheinen, aber es ist sehr wichtig, sich in seiner Haut wohlzufühlen. Klettern ist ein Gesundheitsfaktor. Es ist ein Sport, bei dem man Körperbewußtsein lernt. Denn je besser man sich fühlt, je besser man sich selbst einschätzen kann, umso schneller macht man Fortschritte. Um dies zu untermauern, zitieren wir Beispiele von Kletterern, die sich zeitweise nicht wohl in ihrer Haut fühlen: »Ich klettere trotzdem, und wenn ich gut klettere, werde ich mich wohl in meiner Haut fühlen.« Das kann eigentlich nicht gut gehen. In dieser Situation ist das Abschätzen sehr schwierig. Es gibt keine Universalregeln. Aber insgesamt kann das Klettern beim guten Kletterer dazu beitragen, sich noch wohler zu fühlen und eine gewisse Gelöstheit zu erlangen. Wenn das aber schon beim Start nicht klappt, ist die Bestform nur schwer zu erreichen, was man dann auch sofort bemerkt und umso schlechter klettert. Für die Kondition gibt es weder ein Minimum noch eine Idealform. Sie können als Mann klettern, als

Es geht immer um eine allgemeine körperliche Kondition: Jacques le Menestrel in »L'homme programmé« (Der programmierte Mensch (8a)) mit 49 Jahren.

Frau, als Kind, ob schwer, klein oder groß, darauf kommt es nicht so an. Sie können ruhig klein und dick sein. Zur Wiederholung: Klettern ist ein leidenschaftlicher Sport, der auf jedem Leistungsniveau Spaß macht. Sowohl dem Kletterer, der seinen ersten 6b meistert, als auch demjenigen, der seinen ersten 8b in einem Zug erklettert. Der Spaß steigert sich nicht proportional zu den Schwierigkeitsgraden. Es gibt keine speziellen Kletterkonditionen, keine genaue Gesundheitslehre, keine verpflichtenden Regeln, kein Diätprogramm. Die Regel will, daß man in Harmonie mit sich selbst lebt. So haben z. B. hinsichtlich der Ernährung manche das Bedürfnis, sich mengenmäßig einzuschränken, andere wollen biologisch oder mehr oder weniger konsequent vegetarisch leben. Jeder muß sein eigenes Gleichgewicht finden. Es gibt auch noch keine so zwingenden Regeln wie bei Leichtathletik, Radsport oder Skilaufen. Das wird sicher noch kommen, wenn das Klettern erst einmal eine ganz eigenständige Sportdisziplin ist. Aber derzeit sind wir noch im Experimentierstadium und wir müssen nicht mit aller Gewalt etwas finden. Der Schlüssel zum Erfolg ist vor allem psychologischer Natur. Wer gelöst an den Start geht, hat schon gewonnen. Erst später, wenn ein sehr hohes Niveau angestrebt wird, kann die Diät eine Rolle spielen. Aber man wird viel schneller Fortschritte machen, wenn man mit sich in Eintracht lebt, als wenn man fünf Kilo abnimmt. Jemand, der 80 kg wiegt, sich aber gut fühlt, wird besser klettern als andere, die streng Diät halten, um extrem dürr und leicht zu sein, die sich aber so viele Zwänge auferlegen, daß ihnen die ganze Lust am Klettern vergeht. Jetzt werden einige fragen, was denn nun zu tun ist, um sich wohl in seiner Haut zu fühlen. vertiefen Sie sich gründlich in dieses Buch und die nachfolgenden Ratschläge!

Dank der Anwesenheit von Heilgymnasten bei Wettkämpfen kamen Massagen auf: für eine optimale Vorbereitung.

Psychologische Annäherung

Motivation

Was ist zu tun, um die verschiedenen Blockierungen und Angstgefühle zu überwinden und dann Fortschritte zu machen? Vor allem muß man motiviert sein. Entweder ist man vom Klettern begeistert oder eben nicht. So einfach ist das. Klettern ist ein derart packender, einnehmender und umfassender Sport, daß er zur Leidenschaft wird. Motivation heißt hier: Lust haben zum Klettern, Fortschritte zu machen und Spaß daran zu haben. Das mag banal klingen, aber es ist die formale Bedingung. Wie in vielen anderen Sportarten auch, nur ist es hier noch wichtiger. Wenn man große Lust zu klettern hat, wird man Fortschritte machen und Freude daran haben. Wenn die Lust nur mittelmäßig ist, sollte man in dem Moment für zwei, drei Tage oder auch eine Woche aufhören und abwarten, bis man wieder das dringende Bedürfnis hat. Sich zu zwingen bringt nur Unglück. Es gibt zu viele Kletterer, die keine Fortschritte oder die sogar Rückschritte machen, weil der Wunsch zu klettern nicht stark genug ist. Es ist besser zu warten, als Gefahr zu laufen, enttäuscht zu sein. Es gibt kein Allheilmittel, um das Bedürfnis zu wecken, nur warten, bis es von selber wiederkommt. Man darf sich nicht zwingen, soundsoviele Stunden pro Woche darauf zu verwenden. Das freie Klettern ist wirklich frei, das ist mehr als ein dummes Wortspiel. Man ist überhaupt nicht gezwungen, seine zwei Stunden am Tag oder 20 Stunden pro Woche oder 2000 Stunden im Jahr abzuarbeiten (wie bei der Vierzigstundenwoche). Wenn Sie sich ein Programm festlegen, einem Plan folgen möchten, können Sie das natürlich tun. Wenn Sie erst mal Ihre Motivation erworben und stabilisiert haben, kann es Ihnen gelingen, Ihre Kletterei zu systematisieren. Sie werden aber keine Fortschritte machen, wenn Sie sich von Anfang an zuviel aufbürden. Zumal ein Sättigungsgrad erreicht werden kann, auch ohne sich zu zwingen, wenn man zu viel oder zu oft klettert. Dann muß man aussetzen. Solange Sie es genießen, klettern Sie; läßt das Interesse zu stark nach, hören Sie auf. Das mag trivial erscheinen, aber in der Praxis ist dies der Universalschlüssel zur Motivation. Und es fällt schwer, immer daran zu denken. Denn die Motivation ist manchmal schwierig einzuschätzen, weil das Klettern gleichzeitig auch viel Vertrauen und Entschlossenheit verlangt.

Vertrauen und Entschlossenheit

Aus dem vorhergegangenen Kapitel darf nicht abgeleitet werden, daß Klettern immer gleichbedeutend mit Leichtigkeit sei. Man muß im Verlauf einer Route, wenn die Arme schwer werden, wenn die Beine anfangen zu zittern, wenn man anfängt, an seinen Erfolgschancen zu zweifeln, Vertrauen und Entschlossenheit bewahren.

Die Quellen der Motivation: Lust auf Klettern, Fortschritt, Erfolg.

Wenn Sie ein Vorhaben realisieren wollen und nicht sicher wissen, ob Sie es gut zu Ende bringen, dann kommt es nur auf die Entschlossenheit an, denn man kann, wenn man nur will. Selbst wenn man 100 m so schnell wie möglich laufen will, wird es einem Untrainierten nie gelingen, die Strecke in zehn Sekunden zurückzulegen. Beim Klettern aber wird jeder, der fest entschlossen ist und sich leidenschaftlich der Sache widmet, sehr schnell Fortschritte machen. Das ist sehr wichtig. Beim

Klettern und davor. Solange Sie nicht stürzen, ist nichts verloren: das müssen Sie sich einhämmern. Wenn Sie immer versuchen, weiterzumachen, werden Sie bemerken, daß die Reserven gar nicht so schwach sind und daß das Ziel manchmal ganz nah ist, wenn Sie konzentriert und technisch sicher sind. Je müder Sie sind, desto weniger dürfen Sie aufhören, desto mehr müssen Sie mobil und von sich überzeugt sein. »Ich schaffe es noch etwas höher, ich schaffe noch eine Bewegung«: das sollten Sie auswendiglernen und sich in kritischen Situationen hersagen. Je müder man ist, umso mehr neigt man dazu, technisch nachlässig zu werden, obwohl gerade das Gegenteil der Fall sein müßte. Dann ist der Augenblick gekommen, die Füße zu benutzen und sorgfältig auf die Plazierung am Fels zu achten. Das ist grundlegend wichtig. Dieses Phänomen gibt es auch zwischen zwei Anläufen bei dem Versuch, eine vorbereitete Route zu meistern. Man kann versuchen, eine ganze Route in einem Zug zu erklettern und dann scheitern. In dem Moment, zwischen dem ersten und zweiten Anlauf, muß die optimistische und positive Einstellung bewahrt bleiben. Dazu muß man auch mit dem Scheitern fertig werden können. Doch davon später. Jetzt sei aber schon erwähnt, daß man unbedingt den eingeschlagenen Weg mit zusammengebissenen Zähnen auf das gesteckte Ziel hin weiterverfolgen muß. Auf einer Route ist kein Versuch überflüssig, wenn man sie in einem Zug erklettern will. Vielleicht ist der nächste Versuch erfolgreich, wenn Sie genügend entschlossen sind. Hauptsache starke Nerven und Arme. Vertrauen und Entschlossenheit legen verborgene Möglichkeiten frei; und dann erst gelingen Ihnen Ihre schönsten Leistungen.

Bedeutung des Partners

Alles, was wir bisher gesehen haben, war sehr persönlich und speziell auf jeden einzelnen Kletterer bezogen. Beim Klettern ist man ganz allein mit dem Felsen. Aber unten sichert Sie jemand und spielt auch eine wichtige Rolle bei Ihrem Gelingen. Dieser Mensch wird Ihnen viel helfen dank seiner Beihilfe, seiner Vorsicht, seiner Ermutigung in kritischen Augenblicken und dem Vertrauen, das Sie in seine Sicherungstätigkeit haben. Das Wichtigste da-

Oben: Klettern ist nicht gleichbedeutend mit Leichtigkeit: entschlossen sein, kämpfen, wenn nötig, Vertrauen haben zu seinen Fähigkeiten.
Linke Seite: Entscheidende Momente, in denen man nicht das Vertrauen verlieren darf: akrobatisches Anbringen von Karabinern in den »Caprices d'Anatole« (Anatoles Launen (7c/8a) in Buoux.

Unten sichert Sie jemand, ermutigt Sie, nimmt an Ihrem Erfolg teil: mit David Chambre in »les braves gens ne courent pasles rues« (8b), Verdon.

bei ist das Vertrauen. Wenn ein freundschaftliches Verhältnis zum Partner besteht, können Sie sich stärker auf seine Möglichkeiten verlassen, sicherer und entschiedener sein, jeden neuen Versuch positiv und hoffnungsvoll angehen und, etwa zwischen zwei Anläufen, konzentriert bleiben. Ein Partner wird Sie gegebenenfalls daran hindern, Schiffbruch zu erleiden. Nach drei aufeinanderfolgenden Fehlschlägen glaubt man oftmals, daß alles verloren ist. Der Partner kann Sie dann mit Worten, einem Blick oder einem Lächeln wieder aufrichten und ermutigen und anspornen. Schwere Routen wurden oft erfolgreich zurückgelegt, weil der Sichernde es verstanden hat, seinem Kameraden Vertrauen zu vermitteln, ihn daran zu erinnern, daß er nichts riskiert und es bestimmt schafft usw. Denn selbst der beste Kletterer hat immer vor irgendetwas Angst, begründet oder unbegründet. Dank dem Partner können Sie zu Höchstform auflaufen oder sich sogar selbst überbieten; seine Bedeutung darf auf keinen Fall unterschätzt werden. Obwohl das Klettern eine individuelle Angelegenheit ist, stellt der Partner, wie ganz allgemein auch die Umgebung, einen enorm wichtigen Erfolgsfaktor dar. Häufig taucht eine Frage auf: Sollte die Seilschaft das gleiche Kletterniveau haben? Sollte man besser versuchen, mit einem stärkeren Partner zu klettern, um zu lernen und Fortschritte zu machen, oder lieber mit einem Kletterer mit einem geringeren Niveau, um die eigene Leistung besser abschätzen zu können? Es kommt nur darauf an, den eigenen Charakter zu kennen: extrovertiert oder eher introvertiert? Minderwertigkeitskomplexe, Gefühl der Überlegenheit? Oder gar keine Komplexe? Das gibt es auch. Man muß sich selbst ausloten können, und das hängt auch von den verschiedenen psychischen Phasen ab, die man durchlebt. An manchen Tagen müssen Sie einfach wissen, daß Sie stark sind. Und jeder ist auch wirklich auf seinem Niveau stark. Wer einen 5er besteigt, ist stark im Vergleich zu einem Anfänger, wer einen 8er schafft, ist stark im Vergleich zu einem, der einen 7er erklettert. In manchen Momenten kann es nötig sein, mit einem weniger starken Partner zu klettern. In anderen Fällen mit einem stärkeren. Im allgemeinen ist es am besten, mit jemanden zu klettern, der praktisch das gleiche Niveau hat wie Sie und der, entsprechend den unterschiedlichen Konstitutionen, auf manchen Gebieten stärker, auf manchen schwächer ist. Wenn er stärker ist, wird Sie das etwas antreiben, denn er wird Sie mitreißen; es ist leichter, jemanden einzuholen, als allein Fortschritte zu machen. Aber das ist psychologisch schwer zu verkraften. Deshalb erlauben Ihnen die Phasen, in denen Sie stärker sind, sich aufzuwerten; sie verschaffen Ihnen einige Selbstbefriedigung und den nötigen Impuls, den Partner einzuholen. Wenn die Seilschaft das gleiche Niveau hat, kann der Führer geistig gestärkt werden, weil sein Freund will, daß er Erfolg hat. Je stärker die freundschaftliche Beziehung zum Partner, umso mehr will der Sichernde, daß der andere Erfolg hat. Der Erfolg ist individuell, aber er ist verknüpft mit einer Reihe von kollektiven Faktoren.

David Chambre beim Solo in »la pesanteur ou la grâce« (Schwerkraft oder Gnade) (7a): ein ängstlicher Blick?

Angst

Angst gibt es auf jedem Niveau. Glauben Sie auf keinen Fall, daß die besten Kletterer nie Angst haben. Man hat immer Angst. Selbst wenn man eine Route unter klassischen Sicherheitsbedingungen zurücklegt, die man ganz genau festgelegt hat. Selbst wenn das Sturzrisiko objektiv gleich Null ist, selbst wenn man weiß, daß man fliegen kann, ohne das etwas Schlimmes passiert. Klettern ist kein gefährlicher Sport insofern, als die Kletterstrecken, je schwieriger sie sind, umso schroffer sind und man umso weniger riskiert, gegen den Felsen zu schlagen, weil es weniger Vorsprünge gibt. Aber der Zusammenhang zwischen dieser Erkenntnis und der Überzeugung, daß man überhaupt nichts mehr riskiert und das Material ausgetüftelt und erprobt ist, ist nicht selbstverständlich. Wenn man ganz oben von der Felswand Escalès, 500 m über dem Fluß Verdon, abstürzt und an einem, wenn auch 11 mm dicken Stückchen Spaghetti baumelt, dann hat man zwangsläufig Angst. Das gibt sich mit der Zeit. Man muß viel klettern und nach und nach hat man keine

Angst mehr vor der Gefahr; die Angst vor dem Sturz aber bleibt. Aber warum hat man denn Angst vor dem Sturz, wenn er doch gar nicht gefährlich ist? Weil Sturz Synonym von Mißerfolg ist. Und wer fürchtet sich nicht vor dem Mißerfolg? Nach dem ersten Stadium der Angst vor der Gefahr, die nach und nach verarbeitet werden kann, indem man das Fallen trainiert, das Sichern lernt und Vertrauen in das Material faßt, muß man lernen, den Mißerfolg zu überwinden.

Mißerfolg

Der Mißerfolg ist ein Schlüsselerlebnis beim Klettern. Weil er oft vorkommt, nicht immer dann, wenn man ihn erwartet und nicht immer mit den richtigen Zuschauern. Den Mißerfolg überwinden: so gelangt man geradewegs zum Erfolg. Und, allgemeiner, zum Fortschritt. Den Mißerfolg überwinden heißt nicht, nicht scheitern. Es heißt vielmehr, jeden gescheiterten Versuch als Erfahrung zu betrachten, förderlich für den nächsten Versuch, der von Erfolg gekrönt sein wird. Den Mißerfolg überwinden heißt immer, jeden Irrtum, jeden Fehler positiv anzugehen. Klettern ist eine dialektische Folge von Erfolg und Mißerfolg. Und beides ist zwangsläufig vorhanden. Beide tragen zu einem sicheren Fortschreiten bei. Es ist eine Frage der Konzentration, ja, der persönlichen Philosophie. Die Sophrologie (psychosomatische Entspannungstechniken) kann neben anderem viel dazu beitragen, Mißerfolge zu bewältigen. Denn der Mißerfolg macht den Wert des Erfolgs aus. Jedem Mißerfolg liegt das gleiche Prinzip zugrunde wie dem Erfolg: man muß lernen, dieses Prinzip umzukehren, es zu finden und es anzunehmen. Der direkte Erfolg kann viel kritischer sein.

Erfolg

Erfolg erzeugt natürlich Freude und Befriedigung. Er ist das Resultat einer ganzen Reihe von Antrieben, die ihn überhaupt ermöglicht haben. Das Erfolgserlebnis ist ein Wahnsinnsmoment. Aber die Zeit nach dem Erfolg ist schwierig... Man muß ihn auch schätzen können. Es ist schwieriger, einen Erfolg auszukosten, als einen Mißerfolg einzustecken. Warum? Stuft man, nach dem Prinzip der kommunizierenden Röhren, einen Erfolg nicht richtig ein, wird die Motivation sinken. Auch der kleinste Erfolg darf nicht vernachlässigt werden, denn die Gesamtheit all dieser kleinen Erfolge führt zu neuer Motivation. Eines abends, nach dem Klettern, oder an einem Ruhetag sagt man sich: »Ich habe wahrscheinlich nichts Großes gemacht, ich habe meinen zweiten 6c on sight erklettert oder den ersten 7c beim ersten Versuch geschafft.« Wenn Sie den Wert der eigenen Leistungen nicht hoch genug einschätzen, bleiben Sie völlig unbefriedigt. Und nicht nur dann, wenn es sich um derart definierte und bezifferte Leistungen handelt. Vergessen wir nicht, daß das Klettern vor allem, noch vor dem Streben nach Erfolg, die Freude an der Bewegung wecken soll. Man kann glücklich darüber sein, seinen hundertsten 6a, diesmal aber auf eine perfekte, leichte und koordinierte Art, geschafft zu haben. Das ist ein Grund zur Freude. Es geht nicht darum, sich unaufhörlich nach immer unerreichbareren Zielen zu recken. Das geht nicht. Die Motivation sinkt schließlich ab. Und ständige Unzufriedenheit ist nicht die beste Grundlage, um Spaß zu haben. Paradoxerweise darf man seinen Erfolg aber auch nicht zu hoch einschätzen. Die allgemeine Selbstgefälligkeit, sobald man die ersten Anzeichen von Fortschritt bemerkt, läßt die Motivation genauso sinken. Man ruht sich auf seinen Lorbeeren aus! Wenn Sie eine Route geschafft haben, die für Sie etwas besonderes darstellt, kommen Sie in eine Phase der Entspannung. Aber es ist nicht gesagt, daß das gut ist! Sie muß schnell im folgenden Ziel ausgeglichen werden. Sie müssen darauf achtgeben, sie nicht zu sehr zu verlängern. Sie können immer noch besser werden. Jeder Erfolg ist eine Etappe im Fortschritt. Er kann Ursache für eine tiefe und ehrliche Freude sein, aber auch für eine gewisse Anmaßung und Übersättigung. Erfolge schätzen können heißt auch, Mißerfolge überwinden können. Lernt man diese beiden Begriffe richtig schätzen, wird man das Klettern viel gelockerter und somit viel erfolgreicher angehen. Fortschritte sind leichter und schneller möglich. Und das unabhängig vom Niveau. Ziehen wir eine einfache Parallele zwischen einem Kletterer, der glücklich ist, seinen ersten 6c geschafft zu haben, und einem anderen auf der Route nebenan, der an 7b gewöhnt ist: dieser hat nur einen 6c an dem

Beim Abstieg der ersten »Minimum«-Besteigung. Das Glück des Erfolgs.

Tag geschafft und ist mißmutig. Er sollte nicht vergessen, daß ein Erfolg auch darin bestehen kann, eine Route zu erklettern, die zwar zwei Grade unter seinem »normalen« Niveau liegt, die er aber koordiniert, ruhig und gelöst gemeistert hat: das ist ein Erfolg der reinen Freude. Oder auch, wenn man die Route möglichst schnell schafft oder ohne die linke Hand ...es gibt viele Möglichkeiten für den, der sie kennt.

Der Tag X

Einleitung

Der Tag X: an dem Tag wird das Versprechen eingelöst, das man sich selbst gegeben hat. Vielleicht ist es der Tag, an dem Sie zum ersten Mal als Geführter einen 6 b erklettern oder Ihren ersten 7 a on sight. Es ist der Augenblick, in dem sich alles das auf einen Schlag entlädt, was sich an Spannung und Energie aufgestaut hat. Alle unsere Fähigkeiten passen sich erstaunlicherweise genau unserem gesteckten Ziel an. Das kann das Ergebnis eines flüchtigen Zufalls oder eines strikten und programmierten Willens sein: in beiden Fällen werden Sie aber nichts erreichen, wenn Sie nicht genau wissen, was Sie wollen. Deshalb ist es nötig, sich genaue Fristen zu setzen, sich aber vor allem ständig zu fragen, ob man gewillt ist, sie

Wettkampf: an einem willkürlich festgelegten Tag X bereit sein.

einzuhalten. Mit egal welchem Niveau kann man zwar auf gut Glück losklettern, man wird aber nicht die gleichen Resultate erzielen. Der allererste Schritt zum Erfolg liegt also in der Wahl des Zieles. Dann muß man, in dieser Reihenfolge, lernen, sich zu konzentrieren, sich aufzuwärmen, den Fels zu entschlüsseln und schließlich seine Kräfte so sparsam wie möglich zu gebrauchen.

Wahl des Ziels

Sein Ziel wählen, das heißt genau wissen, was man tun wird: d. h. nämlich einen Kompromiß finden zwischen dem, was man tun will, und dem, was man kann. Das sollten Sie immer im Gedächtnis haben. Wichtig ist zunächst das Bewußtsein über das Abschätzen der Lust zum Klettern. Einer der häufigsten Gründe für das Absinken der Motivation leitet sich aus dem Verhalten des Kletterers ab, der nicht weiß, was er tun soll. Er begnügt sich zum Beispiel damit, die Route auszuprobieren, die sein Kamerad gerade zurückgelegt hat. Er hat kein eigenes Ziel, er folgt der Bewegung seines Partners wie ein Hund seinem Herrn. Der andere versucht eine Route? Gut, er versucht sie auch. Ein anderes Beispiel: Eine Frau klettert zusammen mit ihrem Freund, eigentlich mehr, um ihm eine Freude zu bereiten, und sie versucht sich an der gleichen Route wie er. Wir haben eingangs den Begriff des Kletterns als leidenschaftlichen Sport eingeführt. Um gut zu klettern, muß man demnach zuallererst wirklich klettern wollen; und zweitens muß man die eine bestimmte Route, auf der man sich befindet, vor Augen haben. Diese eine und keine andere. Wenn sie nichts Besonderes ist, wenn man sie nicht um ihrer selbst willen erklettern will, sollte man besser überhaupt nicht losgehen. Die Wahl hängt vom persönlichen Stil und von der Art der Route ab, die man an dem Tag angehen möchte. Wenn Sie eine Felsplatte ausprobieren möchten, warum sollten Sie sich dann in eine Wand verkriechen? Wenn Sie sich nicht die Finger abreißen wollen, suchen Sie sich lieber eine Route, die den Fingern nicht so übel mitspielt. Noch einmal: tun Sie sich keine Gewalt an. Machen Sie die Route, die Sie sich wirklich vorgenommen haben, und zwar mit der Methode, die Ihnen an dem Tag zusagt. Wenn Sie sich an einem Tag unbesiegbar fühlen, machen Sie eine Tour on sight. Wenn Sie in gelöster, eher verinnerlichter Stimmung sind, genießen Sie eine schöne, leichte Route. Wenn Sie einen Hang zum Perfektionismus haben, bereiten Sie eine Route vor, auf der Sie sich so weit wie möglich verbessern. Die Palette ist breit genug, um sich nicht zu langweilen. Nachdem Sie den Routentyp und die passende Methode ausgewählt haben, machen Sie sich klar, wie hoch Sie Ihr Niveau ansetzen wollen. Niemand ist gezwungen, jeden Tag eine harte Route zu schaffen. Erfolg ist nicht zwangsläufig der Erfolg auf einer harten Route. Vielleicht ist es auch mal der Erfolg einer einfachen und schönen Klettertour. Hier ist, im Gegensatz zu vielen anderen Sportarten, das Vergnügen nicht unbedingt vom Resultat abhängig. Und weil man letzte Woche einen 7b geschafft hat, muß man noch lange nicht von jetzt an bei allen Versuchen Erfolg haben. Daher die individuelle Bedeutung der berühmten Schwierigkeitsbewertungen: sie dürfen nicht einfach eine Wahnvorstellung sein, sondern ein beweglicher Orientierungspunkt für gute und schlechte Form. Um im Bereich der reinen Leistung oder im Bereich des »schönen Kletterns« Fortschritte zu machen, ist es deshalb besonders wichtig, die anzugehende Route, aber auch den Schwierigkeitsgrad richtig auszuwählen. Es gibt kein Geheimrezept. Man sammelt pragmatische Empfehlungen durch Beobachten der Kletterer, die sich um einen herum bewegen. Z. B.: Laurence schafft spielend einen 6b. Sie hat das entsprechende Niveau erreicht. Sie schafft es fast systematisch, alle 6b, an denen sie sich versucht, in einem Zug zu erklettern, entweder indem sie sie etwas vorbereitet und dann schnell erklettert, oder aufgrund von Hinweisen und eventuell on sight. Weil sie wirklich dieses Niveau hat, hofft sie natürlich, schwierigere Routen zu meistern. Deshalb entschließt sie sich, einen 6c zu probieren. Sie geht ihn an in dem Bewußtsein, daß die Route im Schwierigkeitsgrad leicht über ihrem Niveau liegt, bereitet die Route vor und schafft es, motiviert durch ihr Vorankommen, die gesamte Strecke zu erklettern. Sie läuft nun Gefahr, einen gängigen Fehler zu begehen: sie meint, von jetzt an das 6c-Niveau zu haben, und will nur noch Routen dieses Schwierigkeitsgrades ausprobieren. Nun könnte aber die von ihr erkletterte Route besonders zu ihrem Stil und ihren Fähigkeiten gepaßt haben. Außerdem war sie die Route mit sehr viel Motivation angegangen und hatte das Beste aus sich rausgeholt. Deshalb wird sie weitere 6c-Strecken psychologisch anders angehen. Sie wird häufig Gefahr laufen, durch zuviele Fehlschläge enttäuscht zu werden, was bei ihr zu einer Motivationsminderung führen wird, die sie überwinden muß. Sie wird sich vielleicht sogar ganz dreist auf 7a-Routen stürzen, weil sie 6c für ganz normal hält. Damit soll nicht gesagt werden, daß es schädlich ist, Routen über seinem allgemeinen Niveau auszuprobieren, sondern daß es wichtig ist, stufenweise Fortschritte zu machen. Für einen Kletterer, der die Woche über arbeitet und am Wochenende klettert, ist es gut, ein genaues Ziel vor Augen zu haben. Sei es, daß er für eine Kletterwoche wegfährt oder für ein Wochenende, sei es, daß er sich immer wieder sagt, daß er an diesem Wochenende seinen ersten 7a probieren wird. Er hat ihn am vergangenen Wochenende angeschaut. Er hat sich darauf vorbereitet. Von diesem seinem Ziel kann ihn nichts abbringen. Er hat sich bereits voll eingebracht. Und dieses Ziel, ob kurz- oder langfristig, hilft ihm sehr bei seinen Fortschritten. Je genauer er das, was er will, in Relation setzt zu dem, was er schon gemacht hat, umso exakter ist er sich seines Niveaus bewußt. Und umso leichter wird er seine nächsten Ziele in die Tat umsetzen: das ist das logischste und schnellste Prinzip, um auf der Erfolgsleiter bis zur letzten Stufe hochzuklettern. Je stärker man an eine Route denkt, umso größer sind die Möglichkeiten, sie zu schaffen. Man stellt sie sich vor, man sieht sich schon auf ihr: im Geist ist sie schon halb geschafft, und das hilft viel. Wenn Ihnen am letzten Tag eines Wochenendes zwei oder drei Stunden Zeit bleiben, dann legen Sie eine Route fest, schauen Sie sich ihren Verlauf an, machen Sie dort eine kleine Tour. Die ganze Woche über sagen Sie sich dann: »So, nächstes Wochenende weiß ich, wo ich hingehe.« Wie bei einem Video wiederholt man sich (im Geist) die Bewegungen: man versucht, diese zu optimieren, die andere schnell zu verinnerlichen. Denn wenn man eine Bewegung intuitiv erfassen kann, muß man sie anschließend verinnerlichen, verdauen, damit sie effizient wird. Nach diesen geistigen Vorarbeiten kommt dann das Wochenende und schließlich erscheint uns das »Problem« manchmal ganz einfach dank der Motivation und der Kraft, die wir die ganze Woche über gesammelt haben. Es ist sehr wichtig, das, was man tun wird, auch wirklich zu wollen. Es genügt nicht, sich zu sagen: »Nächste Woche probiere ich meinen ersten 7a.« Man muß sich auch die Mittel dazu erarbeiten. Es ist ein großer Unterschied zwischen der Vorstellung, gerade seinen ersten 7a zu erklettern, und dem wirklichen Willen dazu. Der Wille ist gekennzeichnet durch Training, Vorbereitung und Versuch. Ungefähr so, als handele es sich um eine Lebensnotwendigkeit, nicht etwa um einen

Ziel wählen: genau wissen, was man tun wird, was man tun will.

Schrittweise Fortschritte machen, ein Ziel muß die Wirklichkeit berücksichtigen, ein Traum ist nicht immer ein Ziel.

Traum. Sie müssen soweit kommen, daß Ihr Wille stärker ist als Ihre Vorstellung. Nichtsdestoweniger ist es wichtig, sich in die Route hineinzudenken. Wir werden im Kapitel »Konzentration« auf Autosuggestion und Visualisierung zurückkommen. Auf die eigene Visualisierung, Sichtbarmachung. Ein Ziel haben ist gut, es erreichen wollen ist wichtiger. Es ist ein großer Unterschied, davon zu träumen, eines Tages ein ausgezeichneter Kletterer zu sein, oder alles zu tun, um wirklich dort anzukommen. Jeder Fortschritt hat ein Stufensystem. Wenn man zu klettern anfängt, erwirbt man ein gewisses Potential. Wenn man seine Ziele ausgewählt hat, wendet man es an. Die erste Stufe besteht darin, alle Kräfte zu mobilisieren. Man lernt, seine Technik, seine Kraft anzuwenden und vor allem das tatsächliche Klettern zu meistern. Man wird sehr schnell Fortschritte machen und Resultate sehen. Aber es gibt zwangsläufig einen Moment, in dem man auf der Stelle tritt. Dafür gibt es mehrere Gründe: man kann Schwierigkeiten haben, mit der einen oder anderen (gefühlsmäßigen) Vorstellung fertig zu werden, oder man macht im Vergleich zur Technik bei der Kraftentwicklung zu schnell Fortschritte; entweder sieht man sich mit technischen Mängeln konfrontiert, die das Fortschreiten erschweren. oder man hat alle erworbene Kraft angewendet und muß sie nun weiterentwickeln. Man muß auf Null zurück, seinen Schwachpunkten zu kontern versuchen. Zunächst also die starken Seiten verbessern, dann die Schwachstellen vermindern. Jeder hat eine Vorliebe für ein bestimmtes Gelände. Sie müssen aber trotzdem darauf achten, daß andere Geländeformen nicht zum Problem werden. Manch einer wird nie für die eine oder andere Form von Gelände oder Praktik zu haben sein. Diesen Leuten raten wir, wenigstens einen minimalen Versuch auf dem Gebiet zu starten, damit dieser Mangel nicht die übrigen starken Seiten behindert. Diese beim Klettern angewandte Technik kann auch eine allgemeine Lebensphilosophie sein. Sich an seine Schwachpunkte heranzuwagen ist eine gute Sache. Aber ein Schlüssel zum Erfolg ist vor allem der Ausbau der starken Seiten. So wird schnell ein hohes Niveau erreicht. Im Moment der Stagnation muß man sich in jeder Hinsicht in Frage stellen. Schon für den Anfänger, der sehr schnell einen 5er schaffen wird, gibt es eine Stagnation. Wenn er unsere technischen Ratschläge zur Kenntnis genommen hat, wird dies keine richtige Stagnation sein. Er wird schnell beim 6b oder 6c ankommen, wenn er darauf geachtet hat, den 5er nicht nur mit der Kraft seiner Arme zu bewältigen. Der wichtigste Einschnitt ist nichtsdestoweniger auf dem Niveau des 6er. Um dann ein 7a-Niveau zu erreichen, muß man viele neue psychologische und gefühlsmäßige Momente beherrschen: eine Route in einem Zug erklettern, Bewegungen lernen und sich merken können, jede Passage optimieren. Ab der Stufe 7 ist es für den weiteren Fortschritt nötig, alles dies zu können. Manch einem gelingt es trotzdem, einen 7er zu schaffen, weil er alle seine starken Seiten entwickelt hat und obwohl er viele Schwachstellen außer acht gelassen hat. Wenn er aber ohne allzu großes Abstrampeln weiterkommen will, darf er die Schwachstellen nicht aus den Augen verlieren. Man kann tatsächlich ein sehr hohes Niveau, z. B. 8a, erreichen, ohne jemals ein besonderes Krafttraining gemacht zu haben, nämlich einfach mit Technik; oder auch umgekehrt: ohne jemals großen Wert auf Technik gelegt zu haben, sondern durch besonders viel Muskelkraft. Aber leider, oder glücklicherweise, spürt man die Mängel immer deutlicher, je höher das Niveau wird. Einen 7a oder 7b in mittelmäßiger Art zu schaffen, läßt nicht die Schlußfolgerung zu, das 7b-Niveau zu haben.

Konzentration

Konzentration, Motivation, Vertrauen und Entschlossenheit sind mittelfristig und gelten für ca. drei Tage vor dem Tag X. Der Kletterer hat seine Route gut gelernt oder er steht der Route gegenüber, die er on sight klettern will: er muß sich konzentrieren, um auch die letzten Trümpfe auf seiner Seite zu haben. Bezüglich der Konzentration gibt es zwei grundlegende, miteinander verknüpfte und doch unterschiedliche Aspekte, die als äußeres Umfeld und innere Verfassung bezeichnet werden können. Das äußere Umfeld ist die ganze Umgebung, von den klimatischen Gegebenheiten bis hin zu den Leuten, die einen umgeben. Ob an einer stark besuchten Felswand oder besonders bei einem Wettkampf, Sie werden vom Publikum beobachtet. Dieses wird, mehr oder

Konzentration: die ganze Energie auf die Verwirklichung des Ziels richten.

Eine fabelhafte Konzentrationsübung: »Chimpazodrome« (7c/8a), mit verbundenen Augen im Saussois.

weniger unbewußt, ein Urteil fällen über Ihre Art zu klettern. Es wird Sie also beeinflussen und Sie müssen lernen, diesen äußeren Faktor zu berücksichtigen. Nun liegt die Vermutung nahe, die anfängliche Konzentration bestehe aus der Abstraktion der schlechten Einflüsse. Die Antwort darauf ist komplizierter, nuancierter und geht über dieses Problem hinaus. Man unterscheidet drei sehr klassische Verhaltensweisen. Die erste Verhaltensweise ist die völlige Unkonzentriertheit. Das äußere Umfeld, sei es Wind, Kälte, fremde oder eifersüchtige Menschen, hemmt Sie völlig. Es macht Ihnen Angst. Sie haben keine Lust mehr zu klettern und Sie flüchten. Die Lösung: wo auch immer Sie sein mögen, wenn Leute da sind, es kalt ist, Kinder schreien, wenn Sie genau wissen, daß jemand besser ist als Sie: klettern Sie nicht! Das ist nicht so das Wahre, gell? Die zweite Form wird durch den gleichgültigen Kletterer vertreten. Für ihn ist das Geschehen im äußeren Umfeld nicht negativ, aber auch nicht positiv. Er zieht sich schlicht und einfach auf sich selbst zurück. Er schützt sich vor dem äußeren Umfeld, verleugnet es schlimmstenfalls und versucht, sich selbst zu finden, ohne andere zu beachten. Das kann eine gute Taktik für ein bestimmtes Ambiente sein, das manchmal am Fuße einer Route herrscht und wo es nötig ist, sich abzusondern. Dafür muß man aber auf die Energie verzichten, die durch die Umgebung freigesetzt wird. Die dritte Form geht auf Konfrontation. Denn das beste Vorgehen besteht darin, die Umgebung auszunutzen, so daß sie Ihnen Auftrieb gibt. Setzen Sie ihre Macht in Ihre Leistung oder Ihren Versuch um und Sie haben das fruchtbarste Rezept für Konzentration: weder Aggression noch Pakt, sondern Zusammenarbeit. Sicher, manchmal wischt man alles, was total negativ ist, einfach weg, z. B. Babyweinen. Aber das Publikum, das Sie anfeuert oder Ihnen einfach nur zuschaut, kann ganz und gar positiv sein. Wenn

Links: Ständig das Bewegungsrepertoire erweitern, darauf zurückgreifen: den Fels entschlüsseln und übersetzen. Alain Ghersen in »la revanche des médiocres« (Die Rache der Mittelmäßigen) (7b/c on sight), Saussois.
Oben: die Qualität der Risse einschätzen, im voraus herausfinden, wie die Finger zu plazieren sind: mit den Augen suchen ist stets weniger ermüdend.

Kräfte sparen: Wenn man am Fels klebt, kann man manchmal beide Hände loslassen und so eine natürliche Ruhestellung schaffen.

seine Energie stark genug ist, um Sie voranzutreiben, verleugnen Sie diese Energie nicht, sondern akzeptieren Sie sie, wandeln Sie sie um, noch besser: vereinnahmen Sie sie. Dieses bei Wettkämpfen noch stärker zu Tage tretende Verhalten stellt einen der interessantesten Aspekte dar, der sich auch außerhalb von Wettkämpfen auswirkt. Die zweite große Phase: wenn erst einmal die äußeren Faktoren beherrscht werden, geht man das Innere seiner eigenen abgeschlossenen Welt an; sobald man es geschafft hat, das äußere Umfeld zu seinem eigenen Vorteil zu nutzen, wird der nächste Schritt total individuell. Gleich mehrere Methoden eignen sich zur Konzentration. Eine der wichtigsten und wirksamsten fällt mit dem Aufwärmen zusammen. Außer dem Vertrauen und dem physischen Wohlbefinden führt es auch zur Konzentration. Systematisch einige Bewegungen zu machen, trägt viel dazu bei, wie z. B. den Oberkörper oder die Handgelenke drehen oder die Finger zusammenziehen. Wenn das systematisch gemacht wurde, sollten Sie in die Vollen gehen. Wenn es sich um eine Route handelt, die Sie in einem Zug erklettern wollen, lernen Sie, sich die Bewegungen zu merken, d. h. sie alle der Reihe nach zu kennen. Haben Sie sie gut im Kopf? Wiederholen Sie sie! Sie sind am Fuß der Route und gleichzeitig mittendrin. Sie wissen, daß Sie an dieser Stelle mit der rechten Hand einen Pinzettengriff anwenden müssen, daß Sie in jenem Moment jenen Fuß wieder ins Gleichgewicht bringen usw. Sie versetzen sich in die Haut desjenigen, der Sie zehn Minuten später sein werden. Und das gilt sowohl für die Gestik wie für den Körper ganz allgemein. Sagen Sie sich: »Hier werde ich bestimmt müde sein; dort muß ich dran denken, tief Luft zu holen, mich zu entkrampfen und konzentriert zu bleiben.« Sie sind immer noch am Fuß der Route, aber Sie atmen gedanklich schon tief am Überhang durch oder ziehen den einen oder anderen Muskel zusammen. Fallen Sie in Trance! Wenn Sie schon vor dem Klettern in höchster Aufregung sind, wenn Ihr Herz schneller schlägt, etwas Schweiß an den Händen ist, dann leben Sie die Route voll aus. Aber Vorsicht, wir kommen auf den Unterschied zwischen Vorstellung und Wille noch zurück. Man darf sich nicht selbst einreden, mit Hilfe eines Zauberstabes oben angekommen zu sein, oder glauben, daß Allah oder sonstwer Sie weitergestubst hat. Man muß sich vorstellen, wie man die Bewegungen macht, und die dann wirklich ausführen. Die Nuance mag fein sein, aber sie ist wesentlich. Eine Route kann ganz anders aussehen als man sich gedacht hat. Man wird sich darin verlieren und der erhoffte Effekt erweist sich als Bumerang. Man hat so fest geglaubt, diesen Haltepunkt mit der Rechten, diesen mit der Linken zu fassen, daß man nicht mehr weiß, was tun, und mit der falschen Hand zugreift. Man stellt sich die Bewegungen also nicht nur vor, sondern erlebt sie wirklich im voraus. Das ist eines der Hauptprinzipien der Sophrologie, einer Konzentrationstechnik, die beim Klettern sehr wirkungsvoll sein kann und die eben darin besteht, Körper und Seele in die Zukunft zu projizieren. Man bildet sich nichts ein, sondern erlebt unmittelbar die Zukunft. Eine gelungene Visualisierung führt automatisch zu einer gut empfundenen Autosuggestion. Wenn man sich die Route durchgespielt hat, ist der Erfolg mehr als suggeriert: er wird gewiß. Man hat ihn erlebt, man hat ihn erreicht, also wird man ihn wirklich herbeiführen. Auch hier spielt der Unterschied zwischen Vorstellung und Wille hinein. Das Szenario darf nicht pure Fiktion sein, sondern muß mit einem tiefen, anhaltenden Erfolgswillen gekoppelt sein. Dieser Wille, der sich mindestens eine Woche vorher schon gebildet hat, sorgfältig auf sein Ziel gerichtet ist und dank der Motivation und der Entschlossenheit weiter wächst, muß auch das Bewußtsein einschließen, daß es wirklich harte Augenblicke geben wird. Wenn man bei der entscheidenden Passage ermüdet, glaubt man vielleicht, am Ende zu sein. Darauf muß man sich vorbereiten, sich davon überzeugen, daß es immer noch ein Mittel zum Weitergehen gibt. Man sieht zwar die Ermüdung, macht aber weiter bis zum Erfolg. Wenn die Erschöpfung beim Klettern spürbar wird, hat man das Gefühl, sie wiederzuerkennen. Man wird besser damit fertig und hat viel mehr Möglichkeiten, sie zu überwinden. In etwas subtilerer Form ist dieselbe Methode auch in bezug auf Haltepunkte wirkungsvoll. Wenn man eine Route vorbereitet hat oder wenn man »direkt« einen 7b oder 6b on sight erklettert, stellt man sich die Haltepunkte vor. Man weiß von vornherein, daß sie nicht unbedingt groß sind oder daß die, die man berührt hat, klein oder schlecht eingerichtet sind. Sie zu ergreifen, zu fassen, zu fühlen im Kopf zu bearbeiten, das alles hilft, sich mit dem Gelände vertraut zu fühlen, wenn man oben ist. Der Eindruck, eine Bewegung schon mal gemacht zu haben, ist sehr hilfreich. Auch wenn man schon 15 harte Meter hinter sich hat, auch wenn man müde ist wie befürchtet... Manchmal kommt es vor, daß man am Fuß einer in einem Zug zu erkletternden Route seine Schuhe schnürt, sie abwischt, anfängt, sich zu konzentrieren und in die Route hineinzudenken, und dann gelingt das nicht. Das ist sehr unangenehm. Dann sagt man sich, wie jeder andere auch: »Wollen wir doch mal sehen.« Es ist aber sehr schwierig, sich in 30 Sekunden zu konzentrieren. Die Konzentrationszeit muß genauso lang sein wie die erforderliche Kletterzeit für die ganze Route. Wenn es nicht gelingt, sich diese Zeit zuzugestehen, ist es von vornherein klar, daß die Konzentration nicht optimal ist. In dem Fall ist es besser, sich mit einem anderen Projekt zu befassen und zu warten. Sie werden schnell merken, daß Sie sich ganz anders aufwärmen, klettern und Ihren Tag verbringen, wenn Sie sich mit der genauen Perspektive aufmachen, diese oder jene Route am Nachmittag in einem Zug zu erklettern, als wenn Sie überhaupt kein Ziel vor Augen haben. Daraufhin verbringen Sie vielleicht Ihre Zeit damit, sich immer wieder zu sagen, daß Sie nicht in Form sind, daß die Beine schwer sind, und schon liegt die Moral am Boden. Schon der Weg bis zur Felswand ermüdet Sie. Das einzige, übrigens sehr einfache Mittel, um dies zu vermeiden, ist, daß man sich nicht zum Versuch verpflichtet sieht, auch wenn noch soviel in die Vorbereitung gesteckt wurde. Am Morgen des Tages X sagen Sie sich: »Wenn ich in Form bin, gehe ich«, aber nicht: »Ich versuche es auf jeden Fall.« Mit diesem Trick können Sie beim Aufwärmen entspannter sein und wesentlich weniger nervös am Fuß der Route ankommen. Das Gleichgewicht zwischen den empfindlichen Erfolgskomponenten ist nicht leicht zu finden. Gleichzeitig mit einem entschlossenen Streben ist auch eine Flexibilität in der Durchführung nötig. Sich die Schuhe zu schnüren und aufs Geratewohl loszugehen, ist nicht die beste Methode. Fragen Sie sich in aller Ruhe: »Will ich diese Route klettern oder nicht? Wenn ja, konzentriere ich mich zuerst.« Stellen Sie sich immer wieder diese Frage. Wenn Sie sich wirklich selbst in ein solches Unternehmen einbringen, dann nutzen Sie alle Ihre Vorteile. Neben der Sophrologie sind alle geistigen Entspannungs- und Konzentrationstechniken wie Yoga zu empfehlen. Sie können angewendet werden, um zu lernen, sich zu beruhigen und einem Ziel oder sich selbst gegenüber einen klaren Blick zu bewahren. Aber die kleinen persönlichen Tricks gehen auch. Manche müssen ganz einfach ein paar Süßigkeiten essen oder sich drei Minuten hinsetzen oder sich in die Betrachtung der eigenen Schuhe versenken. Das Resultat ist das gleiche: man atmet schließlich ruhig, wird sich seines Körpers bewußt und bereitet sich nach und nach vor. Ob man Yoga macht, was für Anfänger nicht nötig ist, oder ob es reicht, einen Schluck Wasser zu trinken, ist unwesentlich: jeder entspannt sich nach seiner Manier. Das Wesentliche ist, sich von seinem Versuch nicht stressen zu lassen, dabei aber nur einen einzigen Gedanken zu haben: zurückzukommen.

Aufwärmen

Das Aufwärmen ist wesentlich für das Gelingen Ihrer Vorhaben wie auch für den Schutz Ihrer Muskeln und Sehnen. Es hat also einen physischen und psychischen Wert. Das Aufwärmen verschafft Ihnen nicht nur die Möglichkeit, sich körperlich auf das anvisierte Ziel vorzubereiten, sondern auch ein maximales Vergnügen auszukosten und sich auf dem Felsen wirklich wohl zu fühlen. Im Lauf eines Tages ist der erste Kontakt mit dem Felsen entscheidend. Eine ganze Reihe von Gefühlen muß jedes Mal neu erlernt werden. An der Felswand muß ein gutes Aufwärmen aus mindestens drei Routen bestehen, die Sie gemäß Ihrem Niveau, aber auch gemäß der Art der von Ihnen angestrebten Leistung auswählen. Ist es eine harte Route? Sportlich? On sight? Vorbereitet? Lang? Exponiert? Wenn alle diese Parameter genau definiert sind, wärmen Sie sich dementsprechend auf. Das Minimum besteht also aus drei Routen. Warum gerade aus drei? Die erste ist eine sehr einfache Route. Sie hat zum Ziel, die Muskeln zu lokkern und das Fingerspitzengefühl für den Felsen wiederzufinden. Nach einer Nacht ist man etwas steif und muß alle Muskeln langsam wieder beleben, sein Gefühl für den Felsen, das Gleichgewicht, die Gesamtheit der natürlichen Bewegungen wieder in Ordnung bringen. Bei der ersten Route darf sich der Instinkt frei entfalten. Zwingen Sie sich nicht in eine zu schwierige Route. Sie wählen am besten eine aus, die weit unter Ihrem höchsten Niveau liegt. Die zweite Route sollte etwas ernsthafter sein, um die zu beanspruchenden Muskeln und Sehnen gut vorzubereiten. Da sie einen mittleren Schwierigkeitsgrad hat, gewinnen Sie schon Vertrauen zu sich selbst. Sie spielt also schon bei der ersten psychologischen Annäherung eine Rolle. In diesem Stadium dürfen Sie nicht vergessen, daß es mindestens fünf Minuten dauert, bis die Fingergelenke aufgewärmt sind und die Gelenkschmiere geschmeidig wird. Bereiten Sie die Sehnen und Muskeln darauf vor, in Aktion zu treten. Nachdem bei der ersten Route der Körper gelenkig gemacht wurde, wird jetzt seine Mobilisierung eingeleitet. Aber in jedem Fall bleiben Sie noch ein gutes Stück unter Ihrem Niveau. Die dritte Route hat als wesentliches Ziel, Ihre Finger genügend zu beanspruchen, damit sie 100%ig funktionieren, aber auch die vor Ihrem eigentlichen Vorhaben auftretenden psychologischen Schwierigkeiten auszugleichen. Diese Route muß Sie etwas ermüden. Anschließend sind Ihre Arme etwas verkrampft und Sie haben ein wenig Muskelkater: der ganze Kreislauf ist bereit, um von Ihren Muskeln das Maximum abzuverlangen. Die Muskeln haben wieder Sauerstoff bekommen, sind entkrampft und bauen schon die Milchsäure ab. Ideal ist es, wenn diese Route dicht an Ihrem Top-Niveau liegt und Sie sie auswendig kennen. Da Sie sie geklettert sind, haben Sie keine Angst mehr vor Mißerfolg und verbrauchen viel weniger Energie. Selbst ein Sturz ist nicht schwerwiegend. Zum anderen werden Sie sich viel weniger plagen, weil Sie sie zuvor schon optimiert haben. Sie können auch eine Route on sight auswählen, auf der Sie viele Erfolgsmöglichkeiten haben. Oder eine Route, die Sie regelmäßig klettern, die aber trotzdem ein gewisses Engagement von Ihnen fordert. Diese letzte Route ist entscheidend für Ihr Vertrauen, Ihr Bewußtsein und die Freude, die Sie den ganzen Tag lang haben können. Wenn das Ziel die Bewältigung einer Route mit sehr hohem Schwierigkeitsgrad ist, ist es besser, eine Route in einem Zug zu erklettern, die nahe dem eigenen Top-Niveau ist und die man auswendig kennt. Wollen Sie eine sehr schwere Route on sight ausprobieren, nehmen Sie vorher eine, die eine Stufe niedriger ist; dadurch lernen Sie wieder, den Felsen richtig zu entschlüsseln und Ihre Gefühle zu verfeinern. Nach der dritten Route ist eine ordentliche Ruhepause gerechtfertigt: 15–20 Minuten, ja sogar 30–45. Danach wärmen Sie sich vorsichtshalber noch einmal ein bißchen auf. Um Ihnen eine Vorstellung der Niveau-Skala zu geben, sagen wir mal, daß für den Versuch, z. B. eine 6c-Route in einem Zug zu erklettern, die erste Route ein 5+ ist, eine Stufe unter dem eigenen Niveau, was normalerweise für einen 6c-Kletterer keine Schwierigkeit darstellt, die zweite ein 6a und die dritte dann ein 6b als Route on sight oder ein 6c, den man schon gut kennt.

Aufwärmen am Block

Das Aufwärmen am Block hat die gleichen Prinzipien und auch die gleichen drei Phasen. Mit dem Unterschied, daß man in Fontainebleau oder am Block überhaupt immer klettern kann, weshalb auch ein Klettern bei kälterem Wetter möglich ist. In Fontainebleau kann man im Winter sogar bei 0° C klettern: dann ist die Haftung ideal, ohne daß die Hände schwitzen. Aber Vorsicht vor der Kälte. Bei der Ankunft am Block ist ein kurzer, behutsamer Waldlauf von zehn Minuten empfehlenswert. Dadurch können der Herzrhythmus und die Sauerstoffzufuhr erhöht, die Gefäße erweitert werden und Sie wärmen sich auf! Danach, immer nach dem gleichen Prinzip, klettern Sie auf einer Reihe sehr leichter Blöcke herum, die keine besondere Anstrengung erfordern. Machen Sie z. B. nach dem Waldlauf auf extrem einfachen Blöcken in Turnschuhen weiter. In der zweiten Phase wenden Sie sich etwas schwierigeren Blöcken zu, an denen Ihre Finger anfangen müssen zu arbeiten. Dann folgt eine kurze Ausruhpause von ca. fünf Minuten. Danach können Sie nach und nach immer schwierigere Blöcke angehen, wobei Sie darauf achten müssen, sich immer warm zu fühlen. Selbst wenn Ihnen warm ist, können Sie schlecht aufgewärmt sein. Umso mehr, wenn Sie frieren!

Wiederaufwärmen

Wenn Sie Ihren Versuch oder Ihre Route geschafft haben, sind Sie glücklich, aber müde. Nun kann es sein, daß Ihr Kletterpartner dran ist oder daß Sie sich ganz einfach ausruhen wollen. Sicher, warum nicht! Aber vergessen Sie niemals, wenn Sie ein oder zwei Stunden mit dem Klettern aufhören, daß die Gelenke, Sehnen und Muskeln kalt werden, selbst wenn es draußen warm ist und der Körper sich nicht abgekühlt hat. Vor dem Weiterklettern müssen Sie sich erneut aufwärmen. Je nach der Länge der Ruhepause können Sie z. B. etwas Gymnastik machen oder sich mit einigen Kletterübungen am Fuß der Route amüsieren oder eine Route klettern, die fast das Niveau der dritten Übungsroute hat oder etwas darunter liegt, die Ihnen aber die Kondition wiederbringt. Unfälle passieren nicht so oft zu Beginn eines Tages, sonder eher gegen Ende, wenn man nach ordentlichem Klettern am Morgen und nach anschließender dreistündiger Pause direkt wieder eine sehr harte Route klettern will. Die Muskeln sind dazu nicht mehr bereit und man kann sich leicht überanstrengen. Daran müssen Sie immer denken! Den Tag mit ein oder zwei besonders schönen Routen beschließen zu wollen, kann ganz in Ordnung sein, unter der Voraussetzung, daß bestimmte Grundsätze berücksichtigt werden: etwas gegessen und vor allem viel getrunken haben. Aber nicht zuviel, sonst besteht die Gefahr der Überanstrengung oder die Sehnen machen nicht mehr mit.

Den Fels entschlüsseln

In den vorangegangenen Kapiteln haben wir gesehen, wie wichtig es ist, sich so gut wie möglich der Haltepunkte zu bedienen, die der Fels bei hohem Schwierigkeitsgrad anbietet, um sie optimal zu benutzen, um sie beim Klettern on sight im voraus zu erkennen. Beim Klettern on sight verläßt man sich oft auf die Intuition. Jeder gute Haltepunkt wird benutzt, um den Oberkörper, den Kopf, vom Felsen zu lösen und so hoch wie möglich zu schauen, um die nächsten Bewegungen untereinander zu koordinieren. Das gleiche gilt für die Vorbereitung einer Route. Gefragt sind ständiges Herumsuchen, Kreativität, um einen umgedrehten oder einen senkrechten Haltepunkt oder eine verborgene Haftung zu nutzen. Profitieren Sie von Ihrer Größe, ob groß oder klein, von Ihren starken Seiten, sei es Kraft, Geschmeidigkeit, Gleichgewicht oder Fertigkeit in dynamischen Bewegungen. Die Fähigkeit, alle Eigenschaften einzusetzen, ist oft ein Zeichen für die Qualität eines Kletterers. Es ist sehr wichtig, das Bewegungsrepertoire ständig zu erweitern. Um im Schachjargon zu sprechen: man kann hunderte von Eröffnungen gespielt haben, am Tag X wird man garantiert mit einer neuen Variante konfrontiert. Und man wird nie genau die gleichen Bewegungen wiederfinden. Keine Route gleicht der anderen. Gewisse Positionen ähneln mehr oder weniger anderen, die man schon mal erlebt hat. Um nochmal aufs Schachspielen zurückzukommen: wenn die Situation auf dem Schachbrett niemals mit einer vorhergehenden Partie identisch ist, so gibt es doch so etwas wie eine typische Konstellation, die es ermöglicht, unmittelbar zur nächsten Bewegung überzugehen. Durch Rückgriff auf das Bewegungsrepertoire läßt sich Zeit gewinnen und vor allem Koordination erlernen. Genauso wird man sich eines Haltepunktes gewiß sein, wenn man ihn erst einmal gesehen hat. Sobald man sich diesen Haltepunkt für die rechte Hand gemerkt hat, braucht man ihn bestenfalls nicht noch mal anzusehen. Im letzten Stadium muß man in der Lage sein, wenn man sich den Haltepunkt gemerkt hat, die nächste Bewegung folgen zu lassen und ihre Entfernung zum nächsten Haltepunkt richtig abschätzen zu können. Hat man erst mal einen Haltepunkt klar erkannt, kann man getrost die Augen schließen. Und sich seines nächsten Zuges sicher sein. Und das alles, während sich weitere Bewegungen ununterbrochen aneinanderreihen. Das ist dann perfekte Koordination. Tauchen bekannte Stellungen auf, wandert der Blick automatisch in eine bestimmte Richtung. Man lernt natürlich schon, über sich zu schauen, aber wenn ein senkrechter Haltepunkt im Blickfeld erscheint, von dem man weiß, daß man ihn benutzen kann, wird man das ohne Überlegen tun. Man kann aber nicht unbedingt einen Haltepunkt in einer bestimmten Richtung suchen. Bei der Suche nach dem besten Haltepunkt oder der bestmöglichen Art von Haltepunkten spielt unser Bewegungsrepertoire zusammen mit der Kunst, Haltepunkte allgemein anzugehen, eine wichtige Rolle. Auch die Kenntnis über die je nach Felstyp verschiedene Felsstruktur muß erworben werden. Wenn Sie zwei Meter weiter oben einen Haltepunkt sehen, versuchen Sie zu erraten, ob und wie gut er ist. Einen Haltepunkt sehen ist gut; ihn im Kopf haben, ist besser. Ihre Hand kann ihn dann perfekt fassen. Auch hier greifen Sie auf Ihr gesamtes Repertoire zurück, versuchen nicht, getreulich alle schon mal erlebten Bewegungen zu wiederholen, sondern benutzen bewährte, weil erprobte Gleichgewichtsstellungen, die Ihnen eine bestmögliche Ausnutzung der Haltepunkte ermöglichen. Das gleiche gilt für Fußhaltepunkte. Man erkennt sie sehr deutlich, wenn sie auf Augenhöhe liegen. Aber wenn man mit dem Fuß wirklich dort ankommt, sieht man sie oft weniger gut. Durch aufmerksames Betrachten und Aneignen lassen sich hilfreiche Automatismen erlernen, die man in einer Situation, in der man die Haltepunkte weniger gut greifen kann, anwendet. Eine ausgezeichnete Trainingsmethode dazu ist das Klettern mit verbundenen Augen in einer wohlbekannten Route. Das zwingt dazu, sich die Anordnung der Haltepunkte zu verinnerlichen und den Fuß genau dorthin zu setzen, wo er hingehört. Diese kleine witzige und lohnende Übung verbessert Ihr Koordinationsvermögen gewaltig. Einige ironische Kommentare nehmen Sie dafür sicher gern in Kauf. Bringen wir nun noch Magnesia ins Spiel. Den Fels entschlüsseln heißt natürlich seine Haltepunkte entschlüsseln. Es heißt aber auch, die Versuche anderer Kletterer mit Hilfe des Magnesia zu nutzen. Ein senkrechter Haltepunkt läßt sich erraten, wenn er versteckt ist, weil er Spuren von Magnesia aufweist. Bei einem Haltepunkt für die rechte Hand findet man knapp links davon, dort, wo sich der Daumen abgestützt hat, Magnesiareste. Jede Magnesiaspur kann also auf einen versteckten Haltepunkt, sogar einen Fußhaltepunkt hinweisen. Wenn Sie Fußhaltepunkte genau vor der Nase haben, betupfen Sie sie mit etwas Magnesia: wenn Sie dann drüber sind, können Sie sie ohne Schwierigkeiten wiederfinden, selbst wenn es sich um ein Loch oder eine kleine Spalte handelt, die durch die Perspektive nicht sichtbar sind. Noch ein Ratschlag zum Entschlüsseln des Felsens: beobachten Sie die Gummispuren, die die Schuhe zwangsläufig hinterlassen. Eine Fußspur auf der rechten Seite weist auf den einzuschlagenden Weg hin. Die Art, wie die Gummispuren auf den Haltepunkten plaziert sind, gibt auch Auskunft über die einzunehmende Stellung. Folgen Sie aber nicht blind Magnesia- oder Gummispuren: die von anderen Kletterern angewandten Methoden sind nicht unbedingt die besten! Fassen wir also zusammen: entwickeln Sie Ihre Beobachtungsgabe, denken Sie an alles, was eine Bewegung erleichtern könnte, und beobachten Sie vor allem Versuche anderer Kletterer, um herauszufinden, ob deren Bewegungen Ihnen nicht zusagen könnten. Bestehen Sie auch nicht zu sehr auf einer Bewegung, wenn diese Bewegung Sie beim Erklettern einer Route in einem Zug entmutigt oder Sie mehrere Male zurückfallen. Versuchen Sie ständig, die Bewegung zu verbessern, und überprüfen Sie, ob Ihnen nicht eine andere, scheinbar fremde und unsichere Bewegung in der ermüdenden Situation, in der Sie sich an diesem Ort befinden, angenehmer ist und Ihnen doch noch erlaubt, ein kleines Stück auf der Route voranzukommen.

Kräfte sparen

Mißerfolg beruht oft auf dem unrationellen Kräfteeinsatz des Kletterers, weniger auf seiner tatsächlichen Unfähigkeit. Um dem abzuhelfen, müssen Sie unbedingt lernen, Ihre Kräfte zu sparen. D. h. so gut wie möglich die vom Felsen gebotenen Ruhe- oder Entspannungsstellungen zu nutzen, damit sich die Muskeln besser erholen können. Profitieren Sie systematisch bei jedem guten Fuß- oder Handhaltepunkt davon, um etwas Magnesia zu gebrauchen und die Arme zu entspannen, indem Sie sie einfach baumeln lassen. Beim Klettern sind die Arme immer erhoben und das schadet der Durchblutung. Man trägt zum Kräftesparen bei, wenn man sie so oft wie möglich hängen läßt und etwas bewegt. Die Füße und Waden ermüden durch die Tatsache, daß mit sehr kleinen, also oft knappsitzenden Schuhen geklettert wird. Da hilft es, sich auf einem guten Fußhaltepunkt auf die Fersen zu stellen, um die Waden zu entspannen. Kletterer denken oft nicht daran, obwohl das sehr hilfreich sein kann. Fürchten Sie sich nicht vor akrobatischen Stellungen, z. B. vor einem großen Spreizschritt, einer Ferse über Ihrem Kopf oder einem festgeklemmten Fuß, Knie oder Ellenbogen. Sie können dadurch nur gewinnen. Weil die Unterarme am schnellsten müde werden, wenn man z. B. mit einem Ellenbogen oder Handgelenk die Klemmtechnik anwendet, wird man vor allem die dickeren Muskeln wie Bizeps, Rücken- oder Brustmuskeln oder Schenkel benutzen, wodurch die Unterarme geschont werden.

Nach einer Theorie soll man die Haltepukte suchen, die möglichst nahe beieinander liegen. Das Ziel ist, unseren Bewegungsaufwand einzuschränken, und das kann durch das Ausschließen von zu weit auseinander liegenden Haltepunkten erreicht werden. Wenn wir aber andererseits dadurch gezwungen werden, schlechte Haltepunkte zu benutzen, obwohl wir mit etwas weiteren Bewegungen gute Haltepunkte erreichen könnten, dann ist das schädlich. Also zurück zum Entschlüsseln des Felsens. Klettern Sie entspannt, natürlich nicht zu entspannt, und wenden Sie dabei nur das nötige Minimun für jede Bewegung auf. Entspannen Sie sich zwischen allen Bewegungen. Entspannen Sie alle Körperteile, die nichts zu tun haben, wenn Sie einen Haltepunkt loslassen, um einen anderen zu suchen. Denken Sie daran, Ihre Reserven äußerst sparsam zu gebrauchen, der weitere Verlauf ist vielleicht noch schwieriger!

TRAINING

Training vor Ort

Einleitung

Das Training ist ein ebenso heikles wie komplexes Thema. Weil das freie Klettern erst am Anfang einer vielversprechenden Entwicklung steht und weil es vielleicht besonders schwierig ist, heute eine wirklich angemessene Trainingsform zu finden, versuchen wir hier vor allem, wichtige Ratschläge für Ihre Fortschritt zu geben und dabei die offensichtlichen und häufigsten Irrtümer in diesem Bereich aufzuzeigen. Deshalb empfiehlt es sich, die drei großen Trainingsarten voneinander abzugrenzen: Training vor Ort, Training an künstlichen Strukturen und Heimtraining.

Klettern – die angenehmste Trainingsart

Bevor wir vom speziellen Training sprechen, müssen wir trotz der wenigen bisher gesammelten Erfahrung schon etwas wesentliches richtigstellen: zu oft haben fortschrittsüchtige Kletterer zu früh wie wild trainiert. Dabei scheint es, daß der zu oft unspezifische Charakter dieses Trainings eher zu einem Rückschritt oder einem rapiden Stillstand dieser Trainingswütigen führt. Man hat in der Tat oft den Eindruck, beim Klettern kräftemäßig eingeschränkt zu sein; und deshalb hat man die Tendenz, diesen Aspekt beim Training überzubetonen. Dabei schadet ein zu schneller und zu großer Kraftgewinn dem technischen Fortschritt. Weil sich das physische Potential relativ leicht erhöhen läßt, will der Kletterer es sofort in die Tat umsetzen und richtet so seine ganze Aufmerksamkeit auf diesen möglicherweise befriedigenden und fasznierenden Bereich: das »Märchen von der Kraft«. Deshalb, und weil man einen 7c schaffen kann, ohne jemals einen Zugbarren berührt zu haben, rate ich jedem Kletterer, das Training seinem Niveau anzupassen und mit der Entwicklung des physischen Potentials zu warten, bis man eine Technik hat, die eine ausreichende Grundlage für das Ausbauen der reinen Kraft ist. Deshalb muß man klettern, klettern und nochmals klettern. Wenn Sie mit Kletterschwierigkeiten konfrontiert werden, verbessern Sie Ihre Technik und entwickeln Ihre Kraft auf die geeignetste Art. Wenn man, um Fortschritte zu machen, nur klettert, werden keine besonderen Bereiche bevorteilt und Sie machen garantiert kurz- oder langfristig dauerhafte Fortschritte. Merzen Sie Ihre schwachen Stellen aus, indem Sie keinen speziellen Routentyp ablehnen und entwickeln Sie Ihre starken Seiten, aber so, daß sie nicht dem Fortschritt der Schwachpunkte entgegenstehen. Beim Klettern werden Sie schnell merken, daß das Klettern selbst nicht nur die angenehmste Trainingsform ist, sondern auch die erfolgreichste. Lernen Sie, sich und andere zu beobachten. Versuchen Sie Ihre natürlichen Fähigkeiten und Ihre Lükken zu entdecken. Wenn Sie sich darüber bewußt werden, ist Ihr Training garantiert erfolgreich und Ihre Motivation und Ihre Freude am Fortschritt werden ebenfalls wachsen.

Perfektion beim Klettern

Technik

An dieser Stelle des Buches wird klar, daß die Technik beim Klettern einer der wesentlichsten Bereiche ist. Nun setzt sich die Technik aus vielen Elementen zusammen. Sie scheint deshalb mehr ein Konzept, eine Klettermethode zu sein, als eine erschöpfende und endgültige Auflistung von physischen, physiologischen oder psychologischen Regeln. Ich für mein Teil möchte sie übrigens mit einem Wort in seinem weiteren Sinn zusammenfassen: Effizienz; und dieses Kapitel wird sich an diesem Leitmotiv orientieren.

Der Block

Der Block kann auf besonders eigene Weise eine ausgezeichnete Schule für die Technik oder die reine Kraft sein, aber nicht zwangsläufig beides zusammen. D. h. daß der Kletterer in den meisten Fällen einen technischen Mangel durch ein verstärktes Festklammern an Haltepunkte vertuschen kann. Der Kletterer muß also ganz besonders Effizienz anstreben, d. h. die Bewegung oder den Rhythmus, die ihn die geringste Anstrengung kosten. Das ist der wesentlichste Punkt beim Klettern: der ständige Versuch, alles leichter und effizienter zu tun. Das garantiert Fortschritt in Ihrer Technik. Ist das Bedürfnis erst einmal geweckt, muß man von den typischen Merkmalen des Kletterns am Block profitieren: von der Verschiedenartigkeit der Passagen und der Möglichkeit zu häufigen Wiederholungen, mit einem Wort: der leichten Zugänglichkeit. Es gibt einige Tricks, mit deren Hilfe man sehen kann, wie z. B. die Füße funktionieren und welche Möglichkeiten sie bieten. Da wäre etwa das Klettern auf Felsplatten, wobei die Hände nur zum Ausbalancieren benutzt werden sollen, ansonsten nicht. Es ist leicht zu verstehen, daß Klettern ohne Hände oder mit nur einer Hand dazu zwingt, die Fußstellung, den von den Beinen ausgeübten Druck und die Gewichtsverlagerung optimal zu gestalten. Können Sie auf die Hände nicht verzichten, versuchen Sie z. B., sie nur zum Druckausgleich zu benutzen und sie auf der Höhe des Beckens zu belassen zum Abstützen. Auf steileren Passagen muß man sich bewußt sein, daß jeder Haltepunkt sehr zerbrechlich ist und durch zu starkes Ziehen abbrechen könnte. Tun Sie so, als ob jeder Haltepunkt mit einem Kraftmesser ausgestattet wäre und die Spielregeln vorsähen, daß er die schwächsten Werte für die Hände und die höchsten für die Füße anzeigt. Diese sehr verinnerlichte Vorbereitung zwingt Sie, ganz besonders darauf zu achten, wie Sie klettern. Sie wird später in allgemeinerer Form vorhanden sein, auch wenn Sie nicht speziell darauf achten. Es ist ebenfalls sinnvoll, möglichst viel von der Zugänglichkeit der Passagen zu profitieren, um möglichst viele Methoden auszuprobieren. Erklettern Sie den Block mehrere Male hintereinander und immer auf eine andere Art. Dadurch können Sie Ihr Bewegungsrepertoire erweitern und die optimale Gestaltung einer Passage lernen. Denn die einfachste Technik ist für Sie nicht immer sofort die naheliegendste. Die Technik ist nämlich, das werden wir gleich sehen, auch die Fähigkeit, angesichts einer bestimmten Konfiguration von Haltepunkten die optimale Methode zu finden.

Die Felswand

Da es in der Felswand stets Probleme mit der Ausdauer und, allgemeiner, Schwierigkeiten beim Erklettern in einem Zug gibt (siehe »Taktik«), wird sich ein technischer Mangel beim Klettern hier wesentlich stärker auswirken als am Block. Ein zu großer Mangel kann sogar das Erklettern einer Route in einem Zug unmöglich machen, weil sich in diesem Fall ein technischer Mangel nicht ausgleichen läßt durch erhöhten Energieaufwand, der später vermutlich zu sehr spürbar wird. An der Felswand gibt es noch weniger genaue Methoden für Fortschritt bei der Technik als am Block. Im übrigen ist es immer möglich, seine Aktivität auf die Verbesserung der Technik auszurichten, sei es hinsichtlich des Kletterstils (z. B. Vermeidung von Passagen, auf denen vor allem die Kraft gefordert ist, Hinwendung zu Routen auf Platten oder Mauern, nur mit den Füßen oder mit Gleichgewichtsbewegungen klettern...) und vor allem hinsichtlich der Art, sich selbst zu beobachten (Versuch, die benutzte Kraft abzuschätzen; welche Muskeln arbeiten? Wozu dienen sie? nur die benutzen, die gebraucht werden, um einen möglichst geringen physischen Aufwand zu haben und an Effizienz zu gewinnen...). Man muß immer daran denken, daß man die Füße noch stärker und die Finger noch weniger belasten kann. Suchen Sie nach anderen Methoden, um eine Passage zu bewältigen, erweitern Sie Ihr Blickfeld, probieren Sie Techniken aus, die auf den ersten Blick zunächst uneffizient erscheinen: lauter Mittel, um Ihre Lücken festzustellen und Ihre Technik zu verbessern. Beim Vorbereiten einer Route, bei der Suche nach der optimalen Methode erwartet Sie ein wahrer Kraftakt an Vorstellungsarbeit, die nur dann sinnvoll sein kann, wenn sie auch untersucht wird oder wenigstens durch eine Bewußtmachung der empfundenen Gefühle ausgewertet wird. Es ist z. B. möglich, das im vorigen Kapitel erklärte Spiel mit dem Kraftmesser wieder aufzugreifen, um die bei einer Passage aufgewendete Kraft zu bewerten und mit den anderen Methoden zu vergleichen, die man auch erwogen hat. Zusammenfassend ist das technische Training also tatsächlich mehr als eine zielgerichtete Suche, eine Bewußtmachtung bestimmter Phänomene und Fortschrittsarten beim Klettern als eine wirkliche Mühe, wie das Wort Training glauben machen könnte. Das soll aber nicht heißen, daß dieses Verhalten der Technik gegenüber nicht effizient ist. Es entspricht der Komplexität des Kletterns. Es verlangt also die Bereitschaft, das eigene Funktionieren zu verstehen, und die Möglichkeiten, die das Gelände bietet, zu sehen.

Kraft

Wenn auch Technik, Widerstandskraft und Ausdauer Kletterbegriffe sind, so sind sie doch noch subjektiv, schlecht definiert, sogar nur ansatzweise vorhanden; die bloße Kraft aber läßt sich analysieren und definieren. Was aber nicht verhindert, daß sie am Felsen nur eine Ergänzung technischer Faktoren ist, wie Fuß- oder Körperstellung, die, falsch angewendet, sie aufdecken. Richtig angewendet wiegen sie die Kraft auf oder machen sie überflüssig. Durch diese gegenseitige Ergänzung aller Kletterfaktoren oder -motoren ist es schwierig, vor Ort reine Kraftarbeit zu betreiben. Wir können jedoch an einem Tag oder während einer Kletterperiode Schwerpunkte in der Wahl der Ziele setzen wie auch in der Art, diese anzugehen, und in der Beobachtung unseres allgemeinen Verhaltens. Um die Ausrichtung, die wir einem Klettertag geben wollen, richtig zu verstehen, müssen wir die verschiedenen Arten der aufgewendeten Anstrengungen genau kennen, ohne zu sehr in physiologische Details zu gehen. Da die Kletterzeiten relativ kurz sind, sind nur zwei Phasen üblich: die nicht-laktische Anaerobie und die laktische Anaerobie. Die dritte, die laktische Aerobie, betrifft nur tiefergehende, also langandauernde Anstrengungen. Der laktischen Anaerobie entsprechen beim Klettern die Begriffe Widerstandskraft und Ausdauer, d. h. Anstrengungen von einer Gesamtdauer von ca. 20 Sekunden bis 15 Minuten. In diesem Fall erhöht sich die Menge der Milchsäure in den Muskeln, ohne daß die Muskeln richtig mit Sauerstoff versorgt werden. Die nicht-laktische Anaerobie, die uns in diesem Kapitel interessiert, entspricht den Anstrengungen von extrem kurzer Dauer, wo der Muskel nur durch den Gebrauch der Kreatinphosphatreserven aktiviert wird. Wohlgemerkt, hier sind die Anstrengungen betroffen, die von großer, beinahe maximaler Intensität sind. Deshalb ist es von grundlegender Bedeutung und Notwendigkeit, sich bis zu seinem Maximum anzustrengen, um seine Kraft zu erhöhen. Jede nicht der maximalen Intensität entsprechende Bewegung hat also nichts mit der bloßen Kraft zu tun. Der Block ist vor Ort die bevorzugte Stelle für diese Trainingsart, weil er sehr kurze Passagen mit entsprechend dichtgedrängten Schwierigkeiten bietet. Die Methode ist relativ einfach: es reicht, nach einem angemessenen Aufwärmen, den Tag oder wenigstens einen Teil davon mit dem Ausprobieren sportlicher Blöcke von maximaler Schwierigkeit zu verbringen. Sportlich deshalb, weil sie ganz offensichtlich die Anwendung der Kraft erfordern: maximale oder noch höhere Schwierigkeit, damit man gezwungen ist, diese Kraft bis zum Äußersten einzusetzen. Wenn es übrigens auch sinnvoll ist, die Blöcke so auszuwählen, daß sie dem Bereich entsprechen, in dem Sie Fortschritte machen wollen, so kann es doch verhängnisvoll werden, wenn Sie sich darauf beschränken, zumal Ihr Organismus (Muskeln, Durchblutung, Sehnen) vielleicht nicht auf eine so ungeheure Dosis eingestellt ist, die ein plötzlicher Motivationsschub ihm zumuten will. Wir haben bis jetzt von den extrem kurzen Zeiten der Anstrengung gesprochen. Aber wie sollen die Erholungszeiten aussehen? Da gibt es keine Begrenzungen, d. h. man muß sich bei dieser Art von Anstrengung vollständig erholen. Es geht natürlich nicht darum, einen Versuch von fünf Sekunden Dauer pro Tag zu machen. Zumal bei dieser Art von Anstrengung in 90% der Fälle die Erholung nur ca. zwei Minuten dauert. Sie brauchen also nicht unbedingt die Zeit für Ihre Erholung genauestens zu messen, sie liegt etwa bei zwei Minuten. Aber es ist trotzdem lehrreich, sie abzuschätzen, und wenn es nur darum geht, eine Verbesserung der Erholungszeit festzustellen, die ihrerseits mit anderen physischen Konditionen zusammenhängt: Widerstandskraft, Ausdauer oder allgemeiner körperlicher Zustand. Im Gegensatz zum Block bietet die Felswand weniger gute Möglichkeiten für eine spezielle Kraftarbeit. Das Klettern on sight bietet kaum Möglichkeiten auf diesem Gebiet, man muß also über das Vorbereiten einer Route bei Sicherung von unten gehen. An der Felswand soll nun die Arbeit wiederholt werden, die am Block verrichtet werden kann, sei es durch die Vorbereitung einer sehr kurzen Route, deren wichtigster Abschnitt aus einer Blockpassage besteht, sei es durch das Herausfiltern von Abschnitten einer längeren Route, die einen extrem schwierigen Verlauf aufweisen und die daher einer Passage am Block gleichkommen. Noch wichtiger als bei einem richtigen Training am Block ist es, eine Route auszuwählen, die Ihrem Maximalniveau entspricht oder sogar um einiges darüber liegt. Der Schwierigkeitsgrad Ihrer Vorbereitung läuft nämlich, wenn Sie vor allem nur Abschnitte vorbereiten, Gefahr, leicht oder sogar ziemlich unter dem Niveau der Route zu liegen, die Sie in gutem Stil und voran in einem Zug erklettern können. Einerseits entfällt bei der Vorbereitung von Blockabschnitten (also ca. vier bis fünf Meter) das Problem der Widerstandskraft oder der Ausdauer, und andererseits hebt sie jedes mit der Durchführung selbst zusammenhängende psychologische Problem auf (Mißerfolg, Erfolg usw.) Jetzt brauchen wir nur noch zu klettern, wobei das Leitmotiv bleibt: die Arbeit an der reinen Kraft geht notwendigerweise über Anstrengungen maximaler Intensität. Diese

Arbeit ist zwar besonders effizient, man muß sich aber stets vor Augen halten, daß die Kraft nur ein Teil des Ganzen ist, das über Niveau und Fortschritt des Kletterers entscheidet.

Ausdauer

Auf einer Strecke am Block scheitert man ziemlich selten wegen mangelnder Ausdauer, aber viele Routen an Felswänden stellen ein echtes Problem hinsichtlich Ermüdung und Widerstandskraft dar, das durch spezielles Training gelöst werden muß. Dieses Training kann schlicht und einfach aus Klettern bestehen. Diese Art Training ist aber nur dann wirkungsvoll, wenn die Kletterperiode lange genug dauert (ca. 14 Tage), zumal die erworbene Ausdauer schnell wieder abnimmt. Deshalb kann man sich dafür entscheiden, Ausdauer durch ein spezielles, ziemlich langweiliges Trainieren zu erlangen, das aber viel bringt, wenn es motiviert und nach einigen Grundregeln ausgeführt wird.

Am Block

Wie wir schon gesagt haben, stellen sich am Block keine wirklichen Ausdauerprobleme. Man muß deshalb mit speziellen, strengen Trainingsmethoden vorgehen. Ein erstes, rein mengenmäßiges Training besteht darin, am Ende einer Übungsstunde viele Passagen mit gleichmäßigem Rhythmus in einem Zug zu erklettern, z. B. einen ganzen Rundweg, dessen Niveau unter Ihrem Maximum liegt und den Sie gut kennen. Es handelt sich dabei um eine Durchhalteübung, die aber eine gute Basis für die Entwicklung der Ausdauer sein kann. Der Block eignet sich zum anderen sehr gut für Klettern mit Seitenschritten; durch diese Praktik kann die Zahl der Bewegungen erhöht werden, die bei kürzeren Passagen zu oft begrenzt ist. Seitenschritte sind eine ausgezeichnete Widerstands- oder Ausdauerübung, von der wir profitieren wollen. Um die Ausdauer weiterzuentwickeln, suchen Sie einen eher langen Seitenschritt (mit ca. 15 Bewegungen),den Sie bei guten Bedingungen ein oder mehrere Male hin und zurück schaffen. Ziel dieses Spielchens ist also, den Seitenschritt ohne Unterbrechung möglichst oft zu probieren. Dabei muß das Niveau des Seitenschrittes so sein, daß ein Sturz möglichst durch Ermüdung verursacht wird und nicht durch eine extreme Bewegung, die man normalerweise höchstens bei jedem dritten Versuch schaffen würde. Nach einem Absturz wird die Kletterzeit notiert. Die anschließende Ruhezeit muß dann genauso lang dauern. Dann fangen Sie wieder an und wiederholen bis zu drei Mal. Dann dauert die Erholungszeit solange wie die Kletterzeit der drei Versuche zusammen; danach fangen Sie wieder an. Diese Übung lohnt sich bei dreimaliger Wiederholung, d. h. bei neun Seitenschrittversuchen, wirklich. Im Idealfall – wenn es den überhaupt gibt – dauert der erste Versuch ca. drei Minuten; daraus ergibt sich für einen trainierten Kletterer im allgemeinen eine Gesamtübungszeit von ca. 20 Minuten. Soll mehr die Widerstandskraft trainiert werden, kann ein schwierigerer Seitenschritt gewählt werden und die Ruhepausen zwischen den 3er-Serien bis zur vollständigen Erholung verlängert werden. Die Übungszeit für eine Wiederholung kann hingegen verkürzt werden. In beiden Übungen geht es vorrangig darum, jedesmal bis an die Grenzen der eigenen Leistungsfähigkeit zu gehen, und nicht um bloße Selbstzufriedenheit. Wir haben es hier mit einem allgemeinen Grundsatz des Klettertrainings zu tun, den wir in den folgenden Übungen immer wiederfinden werden.

An der Felswand

Die Felswand bietet für die Entwicklung der Ausdauer mehr Möglichkeiten als der

Block, ist aber oft weniger gut zugänglich. Dort kann sehr wohl Ausdauer ohne spezielle Übungen trainiert werden. Falls Sie aber nur eine Woche an Ihrer Lieblingswand verbringen können, erfahren Sie nun einige kleine Tricks, mit denen Sie für die gesamte Dauer Ihres Aufenthaltes schnell ein Minimum an Ausdauer erwerben können. Fangen Sie nicht sofort damit an, eine Route mit Ihrem Höchstniveau vorzubereiten, sondern erklettern Sie zunächst lieber möglichst viele Routen on sight. Sie gewinnen Vertrauen zu sich selbst, wenn Sie mit einem bescheidenen Niveau anfangen und es dann immer mehr steigern. Sie machen sich damit vertraut, in müdem Zustand zu klettern, und Sie haben möglichst oft am Tag angestrengte Arme. Wenn Sie in den ersten Tagen dieses rein mengenmäßige Training machen, werden Sie umso schneller Ihre Ausdauer wie auch Ihr Felsgefühl entwickeln bzw. wiederfinden. Denn man fühlt sich natürlich oft ein wenig verloren, wenn man nach einer Zeit am Block, einem längeren Krafttraining oder einfach einer Erholungszeit wieder vor der Felswand steht. Aber es ist auf jeden Fall möglich, mehr noch als am Block, die Ausdauer mit einer speziellen Übung zu trainieren, die sich ganz bestimmt lohnt, wie Sie noch merken werden. Zunächst muß eine möglichst gleichbleibende schwierige Route gefunden werden, die eine ganze Reihe markanter Bewegungen mit einheitlicher Schwierigkeit (mindestens 25) enthält; suchen Sie sich keinen 6b von 40 Metern mit zwei extremen Bewegungen gleich zu Beginn, die dann einen 7b daraus machen. Darüberhinaus darf die Route die Finger nicht zu sehr strapazieren, damit die Übung nicht zu einem Gemetzel für Finger und Sehnen wird. Der Schwierigkeitsgrad muß so gewählt sein, daß Sie unter guten Bedingungen die Route ohne Pause schaffen können, aber bei Ermüdung ernsthaft mit den Tücken der Widerstandskraft konfrontiert werden. Um aber zum anderen zu viele psychologische Wechselwirkungen zu vermeiden und vor allem die Ausdauer zu trainieren, empfiehlt sich das Klettern mit Sicherung von unten: Sie können dann jedesmal alles wagen, bis hin zum Sturz, ohne davor Angst haben zu müssen. Die Methode ist dieselbe wie beim Seitenschritt am Block: drei Serien mit drei Versuchen. Wenn Sie die Möglichkeit dazu haben (z. B. im Verdon), können Sie natürlich auch drei Serien mit drei Versuchen auf drei verschiedenen Routen machen. Aber das wirft natürlich praktische Probleme auf, und wenn auch eine solche Übung eine anhaltende Motivation verlangt, so erleichtert doch ein hinsichtlich des Ablaufs ziemlich strenger Rahmen ungeheuer die Durchführung und die Effizienz. Zusammenfassend sei nochmals darauf hingewiesen, daß diese Ausdauerübungen nur dann sinnvoll sind, wenn der Kletterer wirklich bis an den Rand der Erschöpfung geht. Auf jeden Fall ist es wesentlich, und darauf kommen wir im Kapitel »Unfallkunde« noch zu sprechen, an der Erschöpfungsgrenze aufzuhören und nicht an der Schmerzgrenze; und es ist genauso wichtig, während der gesamten Übungsdauer enorm viel zu trinken.

Klettern ist die vergnügliche Trainingsform: Winter in Fontainebleau.

Buoux, Reich des Vergnügens.

Mit einer Hand am Block klettern lernen entwickelt die Fußtechnik, das Gleichgewicht und die Konzentration.

Marc Le Menestrel in »Roses de Sables« (Sandrosen) (7b) in Buoux.

Rechts: Risse bieten oft interessante Probleme der Ausdauer, die aber nur geringe Verletzungsgefahren für die Sehnen darstellen.
Rechte Seite: ein Festhaken mit der Ferse kann Gleichgewicht ermöglichen, um eine Hand zu lösen, wieder zum Magnesia zu greifen und sich zu entkrampfen.

Heimtraining

Einleitung

Hier sollen nun Grundlagen vermittelt werden für ein Klettertraining, das zu Hause ausgeübt wird. Dieses Training soll in erster Linie die Konditionserhaltung ermöglichen bei schlechtem Wetter oder wenn Sie nicht in der Nähe von Klettergebieten sind; dann soll es auch Fortschritte rein körperlicher Art ermöglichen: reine Muskelkraft und Widerstandskraft. Der Ruf nach einem Spezialtraining für Spitzenkletterer wird immer lauter. Aber die Masse der Kletterer muß das Krafttraining mit viel Vorsicht angehen. Wie bereits erwähnt, kann nämlich eine reine Kraftanstrengung nur dann wirklich beim Klettern angewandt werden, wenn eine ausreichende technische Basis vorhanden ist. Deshalb müssen Sie schon vor Trainingsbeginn unbedingt wissen, was Sie wirklich brauchen: Erhalten oder Entwickeln der reinen Muskelkraft, Entwickeln der Ausdauer oder Fortschritte im technischen Bereich. Außerdem läßt sich die zu Hause neuerworbene Kraft nicht automatisch auf das Klettern übertragen. Dazu sind echte Anstrengungen nötig und, paradoxerweise, eine stärkere Beachtung der unteren Gliedmaßen: Stellung, Gleichgewicht, Füße... Wenn Sie dies alles beachten, können Sie garantiert mit einer geringen Ausstattung und viel Motivation zu Hause und wetterunabhängig Ihre Kondition bewahren oder Fortschritte bei der reinen Muskelkraft machen.

Training am Balken: bei einem Lehrgang von F.F.E.

Geräte

Die Geräte für das Krafttraining zum Klettern sind leicht zu beschaffen und nicht teuer. Aber Sie müssen sich unbedingt genau über Qualität und Brauchbarkeit informieren, denn diese sind entscheidende Faktoren für den guten Ablauf einer Übungsstunde. Es ist nämlich nicht immer leicht, eineinhalb Stunden Krafttraining durchzuhalten; Motivation und Vergnügen beim Gebrauch von guten Geräten werden dann erst deutlich.

a) Haltepunkte

Schon lange werden Zugbarren verwendet, aber heute scheint auch die Anfertigung von Haltepunkten, die stärker den tatsächlichen Kletteranstrengungen entsprechen, unverzichtbar. Wir wollen Ihnen nun die Haltepunkte nennen, über die Sie mindestens verfügen sollten, bevor wir auf deren Installation zu sprechen kommen:

● ein Zugbarren (unbedingt), besser zwei;

● Flach-Haltepunkte: diese dicken Haltepunkte sind besonders angenehm. Sie können relativ schwierig sein und doch keine allzu großen Verletzungsgefahren bergen. Sie erfordern jedoch viel Arbeit für die Herstellung: Sie müssen eine 5×5 cm große Querleiste aus nordischer Kiefer benutzen (sie ist am angenehmsten im Gebrauch), das Stück glatthobeln, feilen, dann mit immer feinerem Schmirgelpapier glätten. Es ist wichtig, mehr oder weniger gute Flach-Haltepunkte in ganz unterschiedlicher Form zu besitzen (siehe Zeichnung 1 und 2). Form 2 ist schwieriger als Form 1, erlaubt aber das Training mit gestreckten Fingern;

● Buckel: sie sind eigentlich nur kleinere, runde Flach-Haltepunkte, an denen man sich nur mit dem zweiten und dritten Fingerglied festhalten kann, sie sind ziemlich schwierig selbst herzustellen, denn dabei kommt meistens eine flache Leiste mit abgerundeten Kanten heraus. Deshalb sind die Viertelrundhölzer, die es im Handel gibt, besonders praktisch, sie haben eine regelmäßige, glatte Oberfläche und sind sehr angenehm im Gebrauch. Nehmen Sie einen Stab mit einem Radius von 2,5 cm; ist der Radius kleiner, wird der Haltepunkt zu schwierig;

● Leisten: sie sind die ursprünglichsten Haltepunkte, die Sie in Ihrer Sammlung haben müssen. Sie sind einfach, aber sie müssen sorgfältig geglättet werden, um Verletzungen auszuschließen. Im Gegensatz zu vielen Haltepunkten, die ich an manchen Balken gesehen habe, brauchen sie nicht allzu klein zu sein; zu klein sind sie gefährlich für die Sehnen und schmerzhaft für die Fingerkuppen. Bei der Gelegenheit sei übrigens auch gesagt, daß es ratsam ist, systematisch mit getreckten Fingern zu üben, nicht mit gebeugten. D.h. die Winkel der Fingergelenke müssen so stumpf wie möglich sein. So werden die Anstrengungen für die Muskelrollen der Finger stark vermindert und die Verletzungsgefahr auf ein vernünftiges Maß gesenkt. Die folgenden Übungen gehen von der genormten Größe der Leisten aus: 1,5; 1,8; 2,5; 3,5 cm. Ihre Kante muß abgefeilt, dann solange geglättet werden, bis sie ganz glatt ist und nicht die Haut zwischen den Fingergliedern einschneiden kann;

● Löcher: es nutzt nichts, winzig kleine und schmerzhafte Löcher zu bohren: Sie werden dann nicht wirksam üben können ohne Schmerzschreie oder Sehnenverletzungen. Ich glaube, daß sogar die »2-Finger-Löcher« für das Krafttraining gefährlich sind. Deshalb rate ich zu nur einer Lochform mit zwei Größen: zum »3-Finger-Loch« mit 2,5 und 3,5 cm. Es kann in gleich große Leisten geschnitten werden, mittels eines großen Bohrers, dann mit

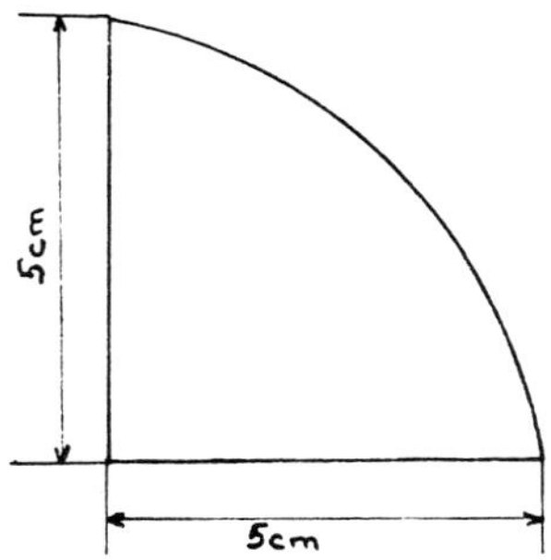

1

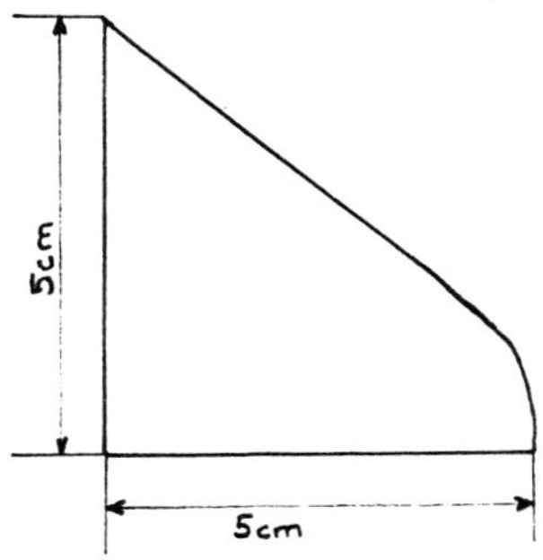

2

Rechts: zu gefährlichen Zwei-Finger-Löchern sind Drei-Finger-Löcher mit einer Mindestgröße von 3,5 cm vorzuziehen. ganz rechts: Aufwärmen: man fängt mit nicht sehr intensiven Hängen an zwei Händen an. Unten: Üben von Ziehen mit einem Arm an der Leiste mit Hilfe von Gummibändern.

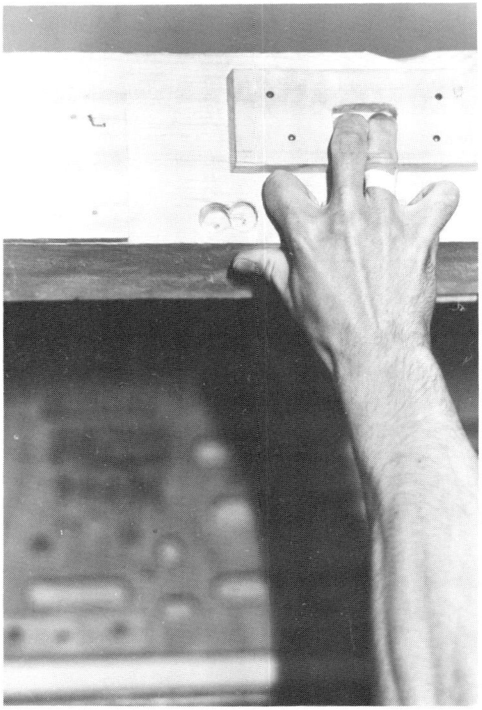

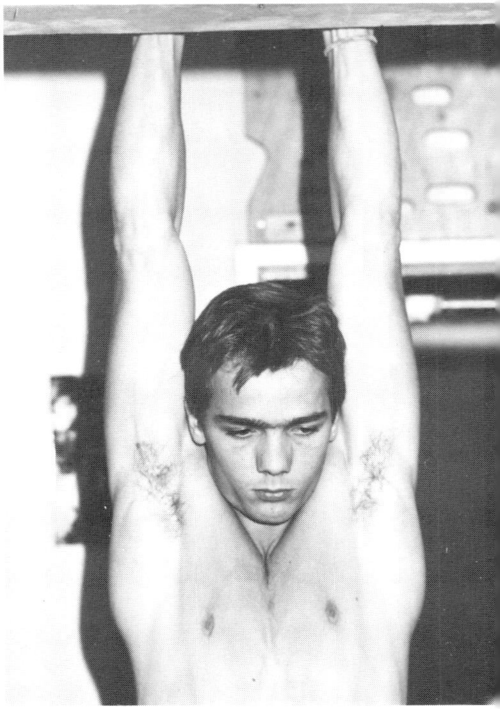

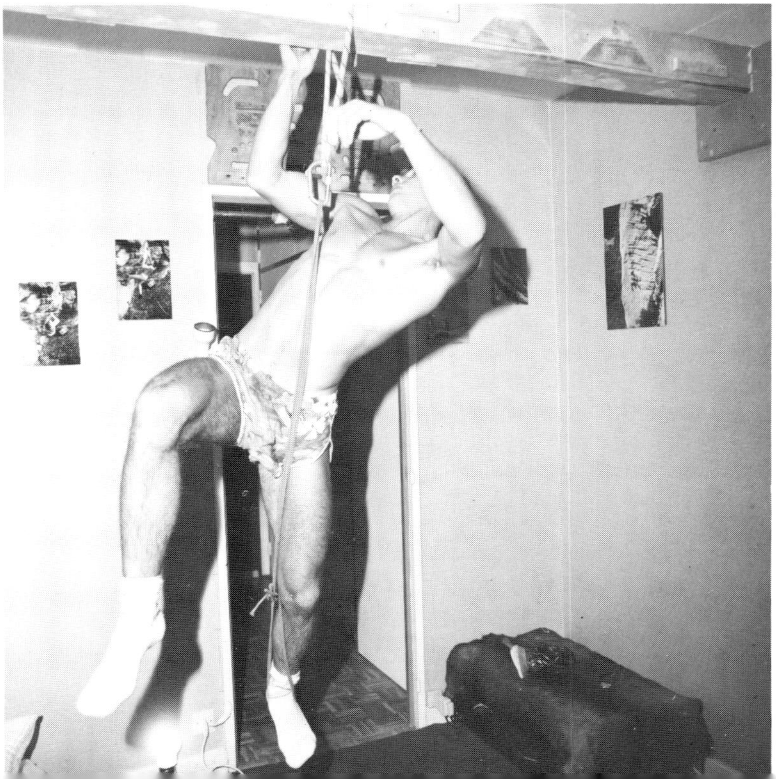

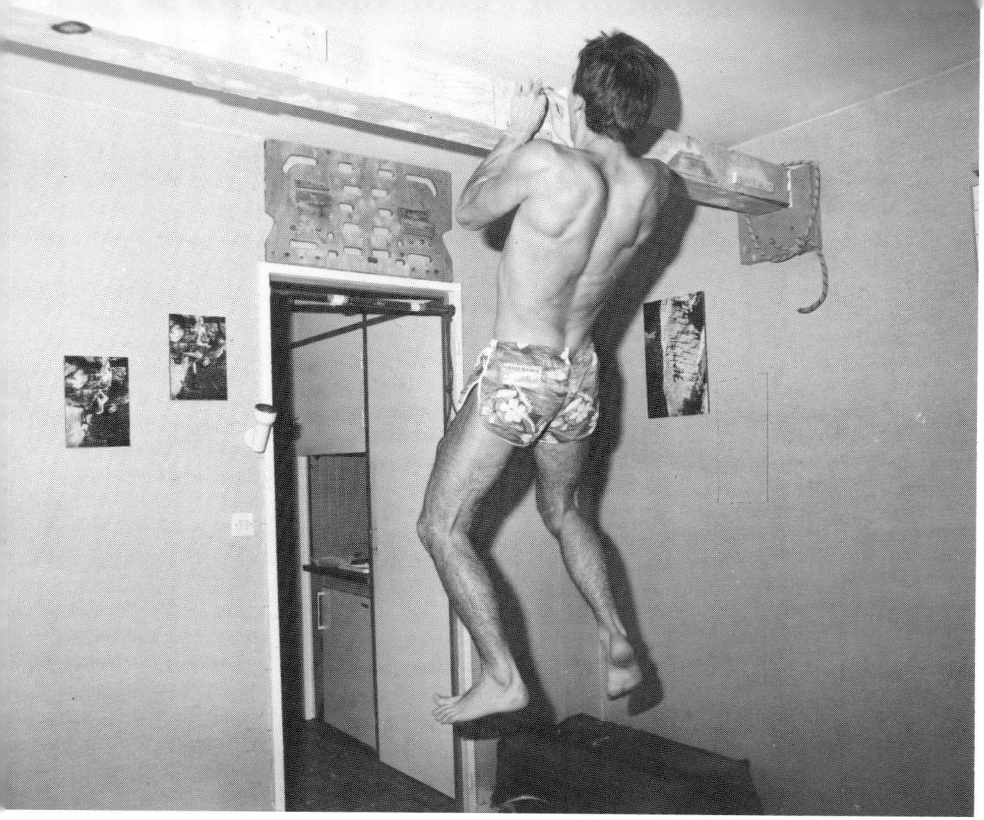

Links: so hoch wie möglich blockieren: halten, halten, halten...
Mitte: »Dead hands«-Methode: ebenso schmerzhaft wie wirkungsvoll.
Unten links: Widerstandskraft: bei 90° blockieren mit beiden Händen: das Atmen wird dann problematisch.

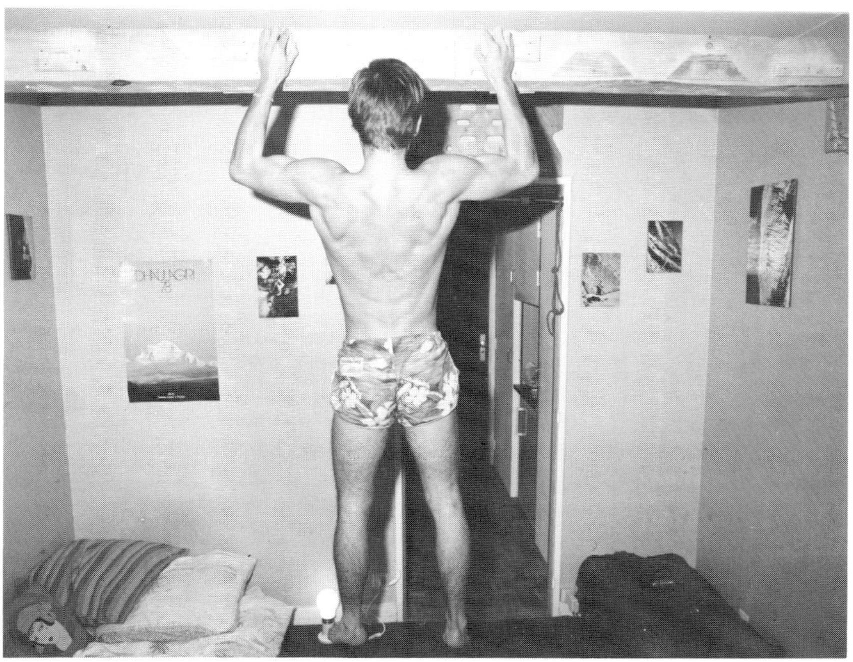

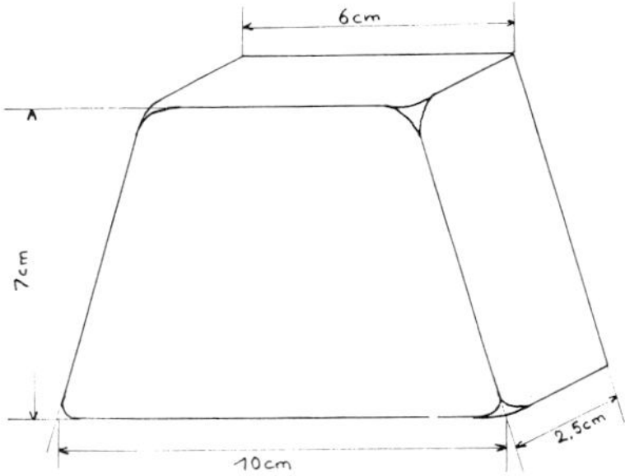

3

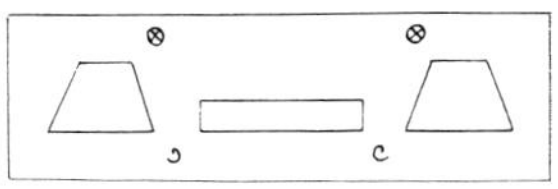
4

einem Holzmesser, einer Feile, Schmirgelpapier usw. Es wird am besten leicht nach unten orientiert angebracht, weil dann die Mühe für die Muskelrollen vermindert wird (wie schon bei der Leiste erwähnt);

● Klammer-Haltepunkte: sie sind die schwierigsten Haltepunkte von allen, aber durch ihre ganz besondere Form sind sie zum Training von diesem Griff unverzichtbar, den man sehr oft in Fontainebleau oder an Kalk-Felswänden antrifft. Sie erfordern eine ganz besondere Aufmerksamkeit bei der Herstellung, um Daumenverletzungen zu vermeiden. Es ist unnütz, sie aus zu kleinen Querleisten herzustellen. Deshalb empfehle ich die Größen, mit denen ich am besten zurecht komme (siehe Zeichnung 3). Die Ränder müssen an allen Seiten äußerst sorgfältig gepflegt werden, weil an diesen unbequemen Haltepunkten die Haftreibung ungeheuer wichtig zum Festhalten ist.

b) Befestigung

Es gibt mehrere Möglichkeiten, diese Haltepunkte anzubringen und zu benutzen:

● Balken: quer durch ein Zimmer wird ein Tannenholzbalken von 12 cm Tiefe und 20 cm Höhe befestigt, auf dem die Haltepunkte (Leiste, Klammer-Haltepunkt, Buckel) angebracht werden. Löcher und Flachhaltepunkte können hineingeschnitten werden. Dieses System ist besonders leistungsfähig, weil es auch das Trainieren von Seitenschritten und wirklichen Kletterbewegungen ermöglicht. Andererseits kann es in einem Zimmer stören und läßt sich nicht immer verwirklichen;

● Brett: Im Gegensatz zum Balken ist dieses System klein und unauffällig und sehr funktionell im Gebrauch. Die Haltepunkte werden dabei auf einem Brett angebracht, das wiederum über einer Tür befestigt wird (siehe Zeichnung 4). Alle erwähnten Haltepunkte finden auf vier Brettern Platz, es genügen also vier Türrahmen, um einen Krafttrainingsraum zu haben, der auf jeden Fall ausreicht, wenn alle seine Möglichkeiten genutzt werden;

● Gummibänder: um die Intensität der Anstrengung dosieren zu können, kann der Gebrauch einer Hilfe oder einer Last nötig sein. Der Vorteil von Gummibändern im Vergleich zu Gewichten ist enorm: Sie sind viel leichter in der Handhabung, viel billiger (ca. DM 15,– (FF 50) für 10 m) und für das Training mit Lasten besser geeignet als Gewichte. Sie müssen also als Hilfe oder als Last benutzt werden können: Im ersten Fall reicht es, wenn Sie an Ihrem Brett zwei kleine Haken befestigen oder um Ihren Balken eine kleine Schnur schlingen, um daran Ihre Gummibänder anzubringen (in etwa ein Meter langen Schlaufen). Sie dosieren die Hilfe sehr genau, wenn Sie einen Fuß in eine, zwei oder mehr Schlaufen setzen. Im zweiten Fall reicht es, auf jeder Seite der Tür unten zwei Haken anzubringen, um daran die Gummibänder zu befestigen, die ihrerseits an einem Gürtel um Ihre Taille festgemacht sind. Die Belastung wird durch die entsprechende Zahl von Gummibändern reguliert. Der Vorteil des letzten Systems im Vergleich zu Gewichten liegt darin, daß die Last zunimmt, weil sie von der Dehnung der Gummibänder abhängt. Dadurch wird die Gefahr einer plötzlichen Belastung der Ellenbogen vermindert;

● Barren: oben wurde schon gesagt, daß es nützlich sein kann, zwei Zugbarren zu haben. Dann können sie asymmetrisch angebracht werden, wodurch beliebig verstellbare Stufen gebildet werden können. Aber davon wird noch bei den eigentlichen Übungen die Rede sein.
Sie konnten sich nun von der Notwendigkeit, aber auch der Schwierigkeit, gute Haltepunkte herzustellen und zu installieren, überzeugen. Um Ihnen die Sache zu erleichtern haben wir zusammen mit ERE

(Etudest et Réalisation en Escalade, Untersuchungen zum Klettern und deren praktische Anwendung) ein Brettsystem aus künstlichem Sandstein geschaffen, auf dem alle oben beschriebenen genormten Haltepunkte sind. Diese Paket wird bald zu einem vernünftigen Preis im Handel sein.

Aufwärmen

Wie wir schon im letzten Kapitel gesagt haben, beinhaltet das Training besonders intensive Anstrengungen. Deshalb darf das Aufwärmen zu Hause nicht vernachlässigt werden, um nicht schwere und langwierige Verletzungen zu riskieren. Es sollte 20–30 Minuten dauern, wovon ca. 12 Minuten für ein generelles Aufwärmen der gesamten Gelenke und Muskeln des Oberkörpers aufgewendet werden sollten. Sie können mit Drehen und Kreisen von Becken, Rücken, Schultern, Handgelenken und Nacken beginnen, erst langsam, dann immer schneller; und mit Beugen und Strecken der Finger. Wärmen Sie dann die Bauchgegend auf (sie wird stark beansprucht). Legen Sie sich dann flach hin und stützen Sie sich auf die ausgestreckten Arme und die Zehenspitzen, verlagern Sie Ihr Gewicht von einem Arm zum anderen, wobei Sie jedesmal die Position der Handgelenke verändern und sich auf die Finger stützen. Diese Übung vervollständigt das generelle Aufwärmen und dehnt die Muskeln in Fingern und Unterarmen. Nun können Sie zum speziellen Aufwärmen übergehen mit langsamen und nicht sehr heftigen Bewegungen. Hängen Sie sich zuerst mit beiden Händen an gute Haltepunkte (Barren, dann Flach-Haltepunkte, eventuell Buckel), wechseln Sie dann von einem Arm auf den anderen und erhöhen Sie dann leicht die Intensität, indem Sie Gummibänder benutzen. Je nach Haltepunkt und Ihrem Kräfteniveau sollten Sie nicht vergessen, diese Bänder zu benutzen, damit diese Übung ein Aufwärmen mit sich steigernder, mittlerer Intensität bleibt. Machen Sie dann einige langsame Züge an denselben Haltepunkten, wobei Sie sich, falls nötig, leichter machen, dann beschleunigen Sie die Bewegungen etwas. Machen Sie schließlich noch einige Züge und fangen Sie dabei an, die Leisten, Klammer-Haltepunkte und Löcher zu verwenden; steigern Sie dabei nach und nach die Anstrengung. Gönnen Sie sich am Ende des Aufwärmens fünf Minuten Erholung, um dann mit den ersten reinen Kraftübungen anzufangen, die sich unmittelbar an das Aufwärmen anschließen müssen.

Kraft

a) Prinzip

Um nochmals darauf hinzuweisen, was in der Einleitung zum Training gesagt wurde: die Kraft hängt direkt zusammen mit der nicht-laktischen Anaerobie entsprechend der Anstrengungsdauer bis zu 20–30 Sekunden. Diese Anstrengungen haben höchste Intensität und teilen sich in zwei Bereiche auf: maximale Belastbarkeit und Ausdauer. Der erste Bereich entspricht extrem kurzen Anstrengungen, der zweite solchen Anstrengungen, die alle Möglichkeiten nutzen, also eine Dauer von ungefähr 30 Sekunden haben. Um die Kraft zu steigern oder einfach zu trainieren, muß man sich also bemühen, maximale Anstrengungen zu vollbringen, die von kurzer Dauer sind und von relativ langen Erholungszeiten, d. h. mindestens zwei Minuten, unterbrochen werden. Die Erholung muß nämlich vollständig sein und zwei Minuten Erholung erlauben eher als eine einzige Übung pro Tag, daß man auf jeden Fall wieder fit ist (zu 80–90%). Wir werden nun verschiedene, in drei Gruppen aufgeteilte Übungsmethoden vorstellen: zunächst behandeln wir die isometrische Kontraktion (Muskeltraining), dann sprechen wir über die dynamische Kontraktion (dynamische Muskelanspannung), schließlich kommen gemischte Übungen. Diese Übungen gelten wohlgemerkt für alle Haltepunkte, mit ein oder zwei Armen, für jeden Winkel oder entsprechend jeder Ausdehnung. Des besseren Verständnisses wegen werde ich aber für jeden Fall einige Beispiele anführen. Bevor wir nun ins Detail gehen, erinnern wir uns noch einmal an eine wichtige Bedingung für das reine Krafttraining: Sie müssen bis an die Grenze Ihrer Kraft gehen. Wenn es sich um eine isometrische Anstrengung von sieben Sekunden oder eine dynamische mit einer Wiederholung handelt, entspricht dieses Maximum einer maximalen Intensität. Wenn es sich um eine Ausdauerübung von 30 Sekunden (isometrisch) oder fünf Wiederholungen handelt, entspricht dieses Maximum einer submaximalen Intensität. Aber auf jeden Fall müssen die Hilfen oder Lasten (mit Gummibändern) so dosiert werden, daß genau die vorgesehene Übung durchgeführt werden kann. Wenn ich mir z. B. ein sieben-sekündiges Hängen vornehme, muß ich meine Hilfen oder Lasten so dosieren, daß ich mich nicht 8 Sekunden halten kann. Aber Sie ahnen es schon, das läßt sich nicht genau vorhersehen, deshalb verrate ich Ihnen zwei kleine Tricks. Wenn die Hilfe zu schwach oder die Last zu groß ist, reicht es, sich leicht mit der freien Hand zu helfen, indem man sich seitlich an einer Tür festhält; wenn die Hilfe zu stark ist, muß man den Fuß immer mehr aus dem Gummiband heben und so die Dehnung, also die Hilfe, vermindern. Notieren Sie auf jeden Fall jede Dosierung, damit Sie nicht bei einer Übungsstunde für die gleiche Übung wieder suchen müssen.

b) Methoden

1. Isometrische Kontraktion

Sie entspricht einer statischen Übung, bei der der Muskel mit einem gegebenen Gelenkwinkel arbeitet. Diese Kontraktionsart ist beim Klettern sehr wichtig (Blockieren, Hängen) und ist relativ leicht einzuüben, hat aber einen großen Nachteil: der Kraftgewinn ist nicht besonders groß, sondern beschränkt sich auf einen relativ engen Bereich des bearbeiteten Winkels. Dennoch ist diese Übungsform voll gültig und hat den Vorteil der geringen Verletzungsgefahr für die Gelenke, weil sie Stöße durch zu dynamisches Ziehen verhindert. Sie erfordert weniger Willen und Motivation als das dynamische Training und liegt eher denen, die durch das Muskeltraining zu Hause nur ihre Kondition während der langen Wintermonate erhalten wollen. Wir stellen jetzt eine Methode für isometrische Übungen vor, die verschiedene Formen haben kann und »pyramidenförmig« genannt wird. Die angegebenen Zeiten sind Hängezeiten, an einem oder zwei Armen, je nach Beschaffenheit des Haltepunktes und Kraft des Trainierenden, damit diese mit den vorhandenen Gummibändern vereinbar ist.

1. Form

30 Sekunden hängen, dann 20, dann 12, dann 7, dann wieder 12, 20 und 30 Sekunden. Wichtig: Jedem Hängen folgt eine Pause von mindestens 2 Minuten. Wird die Übung mit nur einem Arm gemacht, reicht es, 1 Minute zwischen jedem Hängen zu lassen und beide Arme abzuwechseln.

2. Form

Gleiche Methode, aber mit Hängezeiten von 20, 12, 7, 12, 20 Sekunden.

3. Form

Auch die gleiche Art, nur sind diesmal die Zeiten noch kürzer: 12, 6, 3, 6. 12 Sekunden. Sie wenden sich nun einer Übungsform zu, die mehr auf »explosive« Kraft mit maximaler Intensität und kürzerer Dauer gerichtet ist.

4., 5. und 6. Form

Ausgehend von dieser pyramidenförmigen Übungsform kann die Pyramide auch umgedreht werden, indem die Hängezeit länger und dann wieder kürzer wird.

- 7, 12, 20, 30, 20, 12, 7 Sekunden
- 7, 12, 20, 12, 7 Sekunden
- 3, 6, 12, 6, 3 Sekunden

Diese Übungsart kann gleichermaßen mit einem oder zwei Armen gemacht werden, mit gestreckten Armen, bei 90°, bei höchstmöglicher Blockierung, mit allen Zwischenmöglichkeiten, wobei jedesmal die Zahl der Gummibänder angepaßt werden muß, damit die vorgesehene Übung richtig ausgeführt wird.

Beispiel für eine isometrische Übung im Rahmen einer Übungsstunde:

- an einem Flach-Haltepunkt mit einem Arm (mit 180°): 20, 12, 7, 12, 20 Sekunden (Dauer der Übung: 15–20 Minuten für beide Arme).
- an einer Leiste von 1,8 cm mit einem Arm (mit 90°): 3, 6, 12, 6, 3 Sekunden (15 Minuten).
- an einem Klammer-Haltepunkt mit zwei Armen (mit 150°): 30, 20, 12, 7, 12, 20, 30 Sekunden (20–25 Minuten).

2. Dynamische Kontraktion

Wie der Name schon sagt, entspricht diese Methode einer Übung, bei der der Muskel zwischen zwei Gelenkwinkeln beansprucht wird (vollständiges oder unvollständiges Ziehen). Sie ist deshalb besonders interessant (Entwicklung der intramuskulären Koordination!), obwohl sie den Muskel nicht lange genug in einer bestimmten Position beansprucht, um eine erhebliche Kraftsteigerung zu ermöglichen. Deshalb und aus Gründen der Verletzungsmöglichkeiten sollten Sie langsam üben und damit Stöße auf die Gelenke vermeiden (ein vollständiges Ziehen dauert etwa zwei Sekunden). Noch einmal: die Gummibänder müssen für eine maximale Anstrengung dosiert werden. Wenn Sie mit einem Arm üben, dienen sie als Hilfe; bei zwei Armen dienen sie als Last. Für diesen Übungstyp nennen wir zwei Übungen, die sich sehr ähneln. Der einzige Unterschied ist die Zahl der Züge.

1. Übung

Sie sollen einen Zug mit einem oder zwei Armen von maximaler Intensität machen; 2 Minuten oder mehr ausruhen, dann wieder zwei Züge nacheinander. Sie müssen nun die Gummibänder regulieren, um nur einen Zug machen zu können, und dann die Last leicht vermindern (oder die Hilfe erhöhen), um zwei Züge machen zu können. Diese Reihe von zwei Übungen (ein Zug, dann zwei) wird 5 mal wiederholt. Die Übung wird nicht interessanter, wenn die gleiche Last (oder die gleiche Hilfe) für sowohl einen als auch zwei Züge beibehalten wird, weil die Anstrengung nicht mehr systematisch maximal ist, obwohl sie auf der Wechselfolge von maximaler Intensität (ein Zug) und submaximaler Intensität (zwei Züge) basiert.

2. Übung

Sie ist praktisch identisch mit der vorherigen, weil hier Serien von zwei und dann drei Zügen verlangt werden. Die Lasten sind dann weniger schwer (oder die Hilfen größer), während die Anstrengungsdauer und die Zahl der Wiederholungen erhöht werden. Dadurch wird die Übung zu einer Ausdauerübung. Beispiel für eine dynamische Übung während einer Übungsstunde:

- am Barren mit einem Arm:
ein Zug dann zwei Züge, mal 5 (Dauer der Übung: 25 Minuten)
- an einem Buckel mit zwei Armen: 2 Züge dann 3 Züge, mal 5 (Dauer der Übung 25 Minuten).

3. Gemischte Übungen

Nachdem wir nun die beiden Formen der Muskelkontraktion gesehen haben, ist es ganz natürlich, gleichzeitig isometrisch und dynamisch zu trainieren. Ich begnüge mich aber hier mit einer besonderen Form der gemischten Übung, die die isometrischen und dynamischen Übungen ergänzt. Es ist nämlich möglich, die Übungen zu mischen, um *nur* noch gemischte Übungen zu machen, es ist aber dann viel schwieriger, eine effiziente und ausgewogene Krafttrainingsstunde zusammenzustellen. Das Ziel dieses Kapitels ist nun aber, daß jeder sich selbst ein vollständiges und effizientes Training zusammenstellen kann. Außerdem ist diese Übungsart nicht unbedingt nötig für ein Ausbautraining; und ein Training auf Höchstniveau wird sowieso vom Trainer überwacht. Aber kommen wir nun zur Sache: Bei der Erklärung der Geräte kam der Vorteil von zwei Zugbarren zur Sprache. Sie werden in einem Flur so angebracht, daß sie asymmetrisch sind. Wenn sie befestigt sind, muß ihr Abstand geeicht werden. Dazu versuchen Sie, auf einem Arm so hoch wie möglich zu blockieren mit der nach vorn gebeugten Hand (mit dem Handrücken zu Ihnen) und setzen den zweiten Barren 5 cm weiter als die zu erreichende Maximalhöhe. Dann befestigen Sie Gummibänder am ersten Barren und setzen die Füße hinein. Nun können Sie den zweiten Barren erreichen. Wenn es Ihnen nicht gelingt, mit einem Arm zu blockieren, reicht der Gebrauch eines Gummibandes aus, dann ist es wie im ersten Fall. Sind die Barren einmal eingerichtet, markieren Sie ihre Stelle, um Ihre Fortschritte beurteilen zu können, indem Sie jede Woche ohne Last testen. Wenn nötig, werden die Barren neu eingerichtet. Die eigentliche Übung besteht darin, einen Zug mit beiden Händen auf dem ersten Barren zu machen, mit einem Arm zu blockieren, um den zweiten zu erwischen und sich so hoch wie möglich mit diesem Arm zu ziehen, wobei Sie sich aber mit der anderen Hand auf dem unteren Barren helfen. Diese Folge, die also eine isometrische Anstrengung (Blockieren) und eine dynamische (Ziehen) verbindet, wird für jeden Arm 5 mal wiederholt. Dauer der Übung: 25 Minuten. Um sich nun mehr einer Ausdauerübung zuzuwenden, kann die Übung verlängert werden, indem dann die Folge umgedreht wird und dann sofort verbunden wird mit einer neuen Folge, diesmal mit vertauschten Armen (ca. 20 Minuten).

Beispiel für eine gemischte Übung am asymmetrischen Barren

– (Ziehen; Blockieren; Ziehen) rechter Arm, dann linker Arm 5 mal

– (Ziehen; Blockieren rechter Arm; Ziehen; Abstieg; Ziehen; Blockieren linker Arm; Ziehen; Abstieg) 5 mal.

4. Widerstandskraft

a) Prinzip

Das reine Krafttraining ist heute ziemlich gut definiert, während das Problem der Widerstandskraft beim Klettern noch im Experimentierstadium ist. Deshalb bemühen wir uns, Übungsbeispiele zu geben, deren Effizienz deutlich sichtbar ist. Es gibt in der Tat enorm viele mögliche und verschiedene Übungen, aber ihre Zusammenstellung ist zu kritisch, als daß sie hier aufgeführt werden könnten. Noch einmal: das Training der Widerstandskraft verlangt viel Motivation und Beharrlichkeit, weil es, wenn nötig, mit einschließt, daß man am Ende der Übung starre und geschwollene, also völlig erschöpfte Arme hat. Im Vergleich zum Training der reinen Kraft kommen zwei Hauptprobleme hinzu:

- die Tatsache, daß man nicht bei maximaler Intensität üben kann oder, bei einem Hängen oder einer Reihe von Zügen, ein Maximum an Wiederholungsdauer erreichen kann. Es geht nämlich darum, eine Übung über eine längere Dauer zu machen.

- Zum anderen wird die Erholungszeit zu einer wesentlichen Größe. Sie müssen also mit größter Vorsicht die folgenden

drei Parameter dosieren: Intensität, Dauer der Anstrengung und Erholungszeiten, um ein möglichst effizientes Training zu erreichen.
b) Methoden

Die Minutenübung

In dieser Übung muß im Rahmen von einer Minute eine Übung gemacht werden, und das bis zu zehn Minuten hintereinander. Jeder Minute entsprechen eine oder zwei Anstrengungen, die irgendwann in dieser festgelegten Zeit gemacht werden können. Die Anstrengungen sind gemischt, bestehen also aus Hängen und Ziehen. Jede einzelne geschaffte Minute darf keine wirklichen Schwierigkeiten bieten, es ist aber trotzdem sinnvoll, etwa in der 5. und 8. Minute höhere Anstrengungen als das sonstige Mittel anzusetzen, um den Übungsrhythmus zu gliedern. Die 2. Minute ist eine maximale isometrische Anstrengung, die am besten an einem wenig schmerzhaften Haltepunkt (z. B. Flach-Haltepunkt) ausgeführt wird. Ich werde aber drei Beispiele für diesen Übungstyp geben, mit zunehmenden Schwierigkeiten und entsprechend der Stufe der Widerstandskraft. Jedes Hängen und Ziehen wird mit zwei Händen ausgeführt. Für die Haltepunkte benutze ich Symbole (siehe Kapitel »Gerät«).
H: Hängen mit gestreckten Armen
Z: Ziehen
L(x): Leiste mit × cm Länge
B: Buckel (Viertelrundholz mit Radius 2,5 cm)
FHP(1): Flach-Haltepunkt Typ 1 (Zeichnung 1 bei Gerät)
FHP(2): Flach-Haltepunkt Typ 2 (Zeichnung 2 bei Gerät)
Kl: Klammer-Haltepunkt
Df(x): Drei-Finger-Loch mit × cm
Ba: Barren

- Beispiel 1:
 1. Minute: 3 Z an Ba
 2. Minute: 5 Sekunden H an FHP(1) + 2 Z an L(3,5)
 3. Minute: 5 Sekunden H an Ba + 1 Z an FHP(2)
 4. Minute: 10 Sekunden H an L(1,8) + 3 Z an Df(3,5)
 5. Minute: 5 Sekunden H an FHP(2) + 2 Z an L(1,8)
 6. Minute: 5 Sekunden H an Ba + 1 Z an FHP(2)
 7. Minute: 10 Sekunden H an L(2,5) + 2 Z an FHP(1)
 8. Minute: 20 Sekunden H an Ba + 3 Z an L(3,5)
 9. Minute: 3 Z an Df(3,5)
 10. Minute: maximales H an Ba

- Beispiel 2:
 1. Minute: 3 Z an L(1,8)
 2. Minute: 10 Sekunden H an FHP(1) + 2 Z an L(1,8)
 3. Minute: 15 Sekunden H an L(1,5) + 2 Z an Df(3,5)
 4. Minute: 15 Sekunden H an Ba + 3 Z an L(1,8)
 5. Minute: 20 Sekunden H an FHP(1) + 3 Z an Df(3,5)
 6. Minute: 10 Sekunden H an L(1,8) + 2 Z an L(1,5)
 7. Minute: 10 Sekunden H an Ba + 4 Z an FHP(1)
 8. Minute: 5 Z an L(1,8)
 9. Minute: 3 Z an Ba
 10. Minute: maximales H an FHP(2)

- Beispiel 3:
 1. Minute: 6 Z an L(1,8)
 2. Minute: 10 Sekunden H an L(1,5) + 3 Z an FHP(1)
 3. Minute: 15 Sekunden H an FHP(2) + 3 Z an L(1,8)
 4. Minute: 15 Sekunden H an Ba + 5 Z an L(1,5)
 5. Minute: 20 Sekunden H an FHP(1) + ((Fortsetzung fehlt, Anm. d. Ü.))
 6. Minute: 15 Sekunden H an FHP(1) + 3 Z an FHP(2)

7. Minute: 10 Sekunden H an Kl + 3 Z an L (1,5)
8. Minute: 6 Z an Ba
9. Minute: 5 Z an L (1,8)
10. Minute: maximales H an FHP (2)
Diese Beispiele sind natürlich nur Muster, ihr Ziel ist nur, eine Grundlage für die Aufstellung der eigenen Minutenübung zu liefern. Für die Festlegung der Zeiten ist es günstiger, auf dem Papier mehr vorzusehen und sie schlimmstenfalls bei der Übung zu verringern. Jede Übung kann als Route angesehen werden, die man schaffen möchte: verzweifeln Sie nicht, wenn Sie es nicht an einem Tag schaffen, zwingen Sie sich zu den Versuchen, dann machen Sie Fortschritte und kommen ans Ziel.

Die Pyramidenmethode
Diese Übung besteht aus einer Aneinanderreihung von isometrischen oder dynamischen Anstrengungen an einem gleichen Haltepunkt, die durch unterschiedliche lange Erholungspausen während der Übung unterbrochen werden. Diese Ruhezeiten werden allmählich kürzer, dann wieder länger. Die Hängezeiten oder die Zahl der Wiederholungen können wachsen, abnehmen oder stabil bleiben. Dieses System ist machbarer als das vorhergehende insofern, als die Anstrengungen und die Ruhepausen leichter zu dosieren sind, um nach ca. 6 Minuten eine erhebliche Muskelermüdung zu erreichen. Jede Übung kann als Ganzes 2, 3 oder 4 mal wiederholt werden, wobei die Ruhepausen zwischen den einzelnen Wiederholungen so lange sind wie die Übung selbst. Auch hierfür werde ich drei Beispiele geben, mit Übungszeiten, die zunächst stabil sind, dann abnehmen und schließlich zunehmen, und mit einer wachsenden globalen Schwierigkeit. Die verwendeten Symbole sind dieselben wie vorhin, die Ruhezeiten stehen in Klammern.

● Beispiel 1:
Benutzter Haltepunkt: FHP (1)
10 Sekunden H (50 sec), 10 Sekunden H (40), 10 Sekunden H (30), 10 Sekunden H (20), 10 Sekunden H (30), 10 Sekunden H (40), maximales H.

● Beispiel 2:
L (1,8): 4 Z (50 sec), 3 Z (40), 2 Z (30), 1 Z (20) + L (1,5): 5 Sekunden H (30 sec), 10 Sekunden H (40), 2 Z (50), maximales H an L (1,8).

● Beispiel 3:
Ba: 4 Z (50 sec), 5 Z (40), 5 Sekunden H + 5 sec Z (30), 7 Z (20) + L (1,8): 6 Z (30), 5 Z (40), 5 Sekunden H + 4 Z (50), maximales H an Ba.
Es ist kaum möglich, daß diese drei angegebenen Übungen genau dem Niveau entsprechen, das Ihnen zusagt. Aber Sie können ja leicht die Übungen so einrichten, daß sie dem von Ihnen gewünschten Schwierigkeitsgrad entsprechen.

»Dead hands«-Methode
Diese Übung ist sehr einfach, sehr schmerzhaft und sehr effizient. Sie müssen ganz einfach einen Haltepunkt mit beiden Händen fassen, sich daran hängen und warten, bis Sie vor Erschöpfung herunterfallen. Sobald Sie am Boden sind, messen Sie die Hängezeit und ruhen sich genauso lange aus. Machen Sie das Ganze 3 mal. Die Übung kann auch mit einem Arm ausgeführt werden, wobei dann die Bedingungen für die pyramidenförmigen Kraftübungen gelten (Hängezeit: 30 Sekunden). Sie kann auch abgewandelt werden, indem mit verschiedenen Gelenkwinkeln gearbeitet wird. Andererseits muß bemerkt werden, daß bei einer solchen Übung die Haltepunkte besonders sorgfältig gearbeitet sein müssen, damit Sie nicht durch Hautverletzungen verfrüht abbrechen müssen.

● Beispiel 1:
Übung an einem Arm, unter der Bedin-

gung (Zahl der Gummibänder) der pyramidenförmigen Kraftübung von 30 Sekunden. Sie hängen sich mit dem rechten, dann mit dem linken Arm bis zum Runterfallen an die folgenden Haltepunkte. 40 Sekunden Pause zwischen zwei Versuchen mit der gleichen Hand:
- FHP(1)
- L(2,5)
- L(1,8)
- FHP(2)
- L(1,5)

Wiederholen Sie die Reihe 3 mal mit 5–6 Minuten Pause. Ist Ihr Niveau so, daß Sie schon Schwierigkeiten haben, sich im Leeren und mit zwei Händen an diese Haltepunkte zu hängen, machen Sie die Übung mit zwei Händen.

● Beispiel 2:
Maximales Hängen an zwei Armen an L(1,8) bei hoher Blockierung. 3 mal wiederholen, wobei beim zweiten Mal die Arme rechtwinklig sind, beim dritten Mal gestreckt. Die Ruhezeit ist genauso lang wie die Übungszeit. Ist die Übung zu anstrengend (Sie blockieren höchstens 10 Sekunden auf beiden Armen), so benutzen Sie natürlich Gummibänder als Hilfe und blokkieren ca. 30 Sekunden.

Methode mit abwechselndem Ruhen

Das Prinzip ist dasselbe wie eben, aber man entspannt die Hände abwechselnd. D.h. man hängt immer nur ganz kurz an beiden Armen. Dieses System ermöglicht das Einüben des Ausruhens ähnlich wie an der Felswand. Bei den meisten Haltepunkten ist die Hilfe durch Gummibänder nötig, um eine Hand loszulassen, und wenn es nur für zwei Sekunden ist.

5. Zusammenstellung der Übungsstunde

Wir können nun verschiedene Übungen machen, um den einen oder anderen Bereich zu entwickeln. Nun müssen wir diese Übungen zusammenstellen, anordnen, um eine in sich geschlossene Übungsstunde zu gestalten, die ein Höchstmaß an Effizienz gewährleistet.

a) Dauer einer Übungsstunde
Eine Übungsstunde setzt sich aus drei großen Teilen zusammen: Aufwärmen, Krafttraining und Widerstandskraft. Das Aufwärmen ist eine feste Größe, wenn man so sagen kann, weil es zwischen 20 und 30 Minuten dauert. Die Widerstandskraft ist abhängig von einer Motivationsschwelle, über der die Anstrengung verweigert wird. Die Arbeit ist dann nicht mehr effizient. Diese Schwelle, die natürlich von jedem einzelnen abhängt, kann bei etwa 1½ Stunden liegen. So dauert eine vollständige Übungsstunde mindestens 1½ Stunden, wird eventuell auf eine Stunde verkürzt, wenn die reine Kraft oder die Widerstandskraft weggelassen wird. Es ist aber sinnvoller, jeden Bereich (reine Kraft und Widerstandskraft) zu verkürzen, als einen auszulassen, schon gar nicht das Aufwärmen!

b) Während der Übungsstunde
Nach dem Aufwärmen beginnt das Krafttraining, besonders mit isometrischen Übungen. Das Aufwärmen hatte schon als spezielles Ziel diese Trainingsart, nun machen Sie nochmals einige Züge, bevor Sie die dynamischen Kraftübungen angehen. Dann, nach ca. 5–6 Minuten Erholung, gehen Sie zum Widerstandstraining über. Der Grundsatz der abnehmenden Intensität der Übungen während der Übungsstunde muß unbedingt beachtet werden. Sie müssen demnach natürlich mit den intensivsten Übungen anfangen (Hängen, Blockieren, Armzüge, Züge mit Last, gemischte Übung) und mit den weniger intensiven und manchmal schmerzhafteren enden (Widerstandskraft).

c) Außerhalb der Übungsstunde
Das Koordinieren der Übungsstunde und das Planen des Trainings sind schwierig,

eine Arbeit für den Trainer. Zunächst werden die Übungsstunden für eine begrenzte Dauer vorgesehen, für 5–7 Tage. Deshalb ist ein Übungsplan nötig, auf dem alle Übungen verzeichnet sind sowie alle Berichtigungen, die Anbringung der Gummibänder und die Reaktionen auf die Übungsstunde (Müdigkeit, Motivation usw.). Diese Methode ermöglicht die Vorbereitung und Auswertung der ganzen Trainingskoordination. Nehmen wir als Beispiel für fünf Tage vorbereitete Übungsstunden. Nach ein oder zwei Tagen Ausruhen und vor Anlauf einer neuen Periode müssen die fünf neuen Übungsstunden vorbereitet werden, wobei der Grundsatz, daß die Lasten von einer Periode zur nächsten zunehmen, beachtet werden sollte: die Summe aller Übungen wie auch ihre durchschnittliche Intensität wachsen von Periode zu Periode. Dieser Grundsatz ermüdet und das Kraftniveau sinkt bestimmt während der Periode ab. Aber das Potential nimmt zu und wird, nach einigen Tagen Erholung, vor einer Klettertour verfügbar sein. Dann werden Ihre Fortschritte deutlich. Sehr wichtig sind die Kenntnisse über das Ausruhen. Sie müssen wissen, wie man sich ausruht, um nicht völlig erschöpft eine Klettertour zu beginnen. Klettern und Muskeltraining sind übrigens gut miteinander zu vereinbaren, wenn die Gestaltung des Programms daran angepaßt wird. Wenn Sie nachmittags klettern, können Sie morgens ein reines Krafttraining machen und nach dem Klettern ein wenig die Widerstandskraft trainieren. Mit diesem System ist der Gewinn beim Klettern, wenn die körperliche Kondition nicht durch zu viel Training zu sehr herabgesetzt wurde, beachtlich wegen der Übungsstunde am gleichen Morgen. Sicher, diese Prinzipien sind ein wenig kompliziert und es ist nicht leicht zu verstehen, daß das Muskeltraining zu einem Rückgang der Kraft führt; erst nach der Erholungszeit zeigt sich, wie effizient und wohltuend das Training ist. Zum Schluß gebe ich noch drei Beispiele für Übungsstunden mit wachsendem Schwierigkeitsgrad, die Ihnen bei der Zusammenstellung Ihrer eigenen Übungsstunden helfen können.

● Beispiel 1:
– Aufwärmen
– Kraft: isometrisch: FHP (1) 30 Sekunden; 20 Sekunden; 30 Sekunden; Übung mit Hängen an zwei Armen.
L (3,5) 12 Sekunden; 7 Sekunden; 12 Sekunden; Übung mit Hängen an einem Arm (wenn nötig mit Hilfe).
Dynamisch: FHP (2), 2 Z + 1 Z mal 5; Übung mit zwei Armen, falls nötig mit Lasten (Gummibänder).
– Widerstandskraft: Minutenübung:
1. Minute: 3 Z an L (1,8)
2. Minute: 15 Sekunden H an FHP (2)
3. Minute: 2 Z an Ba
4. Minute: 20 Sekunden H an L (3,5)
5. Minute: 10 Sekunden H an Ba + 2 Z an FHP (1)
6. Minute: 15 Sekunden H an FHP (1) + 1 Z an FHP (2)
7. Minute: 5 Sekunden H an L (1,5) + 2 Z an L (1,8)
8. Minute: 4 Z an Df (3,5)
9. Minute: 3 Z an L (2,5)
10. Minute: maximales H an Ba
Dauer der Übungsstunde: Aufwärmen (30 Minuten) + Isometrie (15 Minuten) + Dynamik (25 Minuten) + Widerstandskraft (15 Minuten) = 1½ Stunden.

● Beispiel 2:
– Aufwärmen.
– Kraft: isometrisch: L (2,5): 20 Sekunden; 7 Sekunden, 12 Sekunden, 20 Sekunden; Übung mit Hängen an einem Arm mit Hilfe.
FHP (2): 7 Sekunden; 12 Sekunden; 20 Sekunden; 12 Sekunden; 7 Sekunden; Übung mit zwei Armen mit maximalem Blockieren. 90°, Hängen, 90° und Maximum.
Gemischte Übung an asymmetrischem Barren: Ziehen; Blockieren rechter Arm;

runter; Ziehen; Blockieren linker Arm; Ziehen mal 5
– Widerstandskraft: L(1,8) 5 Z (40 sec) 4 Z (30) 20 Sekunden H (30).
FHP(1): 4 Z (30 sec) maximales H.
Dauer der Übungsstunde: Aufwärmen (30 Minuten) + Isometrie (30 Minuten) + Gemischte Übung (20 Minuten) + Widerstandskraft (10 Minuten) = 1½ Stunden.

● Beispiel 3:
– Aufwärmen.
– Kraft: isometrisch: FHP(2): 7 Sekunden; 12 Sekunden; 20 Sekunden; 30 Sekunden; 20 Sekunden; 12 Sekunden; 7 Sekunden.
L(1,8): 20 Sekunden, 12 Sekunden; 7 Sekunden; 12 Sekunden; 20 Sekunden.
Übung mit einem Arm mit Hilfe.
L(1,5): 180° (H); 150°; 120°; 90°; maximales Blockieren. Übung mit einem Arm von 7 Sekunden Dauer in jedem Winkel.
Dynamisch: Ba 3 Z, 2 Z mal 5; Übung mit einem Arm, falls nötig, mit Hilfe.
L(1,5) 2 Z, 1 Z mal 5; Übung mit zwei Armen mit Lasten.
– Widerstandskraft:
Minutenübung:
1. Minute: 15 Sekunden H + 5 Z an L(1,8)
2. Minute: 20 Sekunden H + 6 Z an L(2,5)
3. Minute: 20 Sekunden H + 3 Z an L(1,5)
4. Minute: 30 Sekunden H + 3 Z an FHP(1)
5. Minute: 10 Sekunden H + 3 Z an Ba
6. Minute: 10 Sekunden H + 2 Z an Kl

Pause von 15 Minuten
1. Minute: 6 Z an FHP(2)
2. Minute: 20 Sekunden H an L(1,8) + 3 Z an Ba
3. Minute: 20 Sekunden H an L(1,5) + 3 Z an Kl
4. Minute: 25 Sekunden H an FHP(2) + 5 Z an L(2,5)
5. Minute: 25 Sekunden H an Ba + 3 Z an L(1,8)
6. Minute: 30 Sekunden H an FHP(1) + 5 Z an L(1,5)
7. Minute: 20 Sekunden H an L(2,5) + 3 Z an FHP(2)
8. Minute: 20 Sekunden H an L(1,8) + 3 Z an Kl
9. Minute: 15 Sekunden H an Kl + 3 Z an Ba
10. Minute: maximales H an FHP(1)

Dauer der Übungsstunde: Aufwärmen (30 Minuten) + Isometrie (45 Minuten) + Dynamik (50 Minuten) + Widerstandskraft (35 Minuten) = 2 Stunden 40 Minuten.
Diese letzte Übungsstunde wendet sich natürlich an trainingsgewohnte Kletterer, die also solche Übungsstunden »einstekken« können. Sie soll nur zeigen, wie eine Übungsstunde für ein Top-Niveau-Training aussehen kann. Zum Abschluß des Kapitels über das Heimtraining möchte ich daran erinnern, daß das Muskeltraining in einer Werkstatt mit der Herstellung von gutem Übungsgerät anfängt und dann auf dem Schreibtisch mit der Vorbereitung der Übungsstunde weitergeht. Dann kann das Training sogar zu einer angenehmen Sache werden, die somit doppelt effizient für den Kletterer ist.

Marc Le Menestrel an der Kletterwand von Gerland in Lyon, geschaffen von E.R.E.

UNFALLKUNDE

Kletterpathologie

Einleitung

Wir haben es oft wiederholt: der immer mehr bestätigte sportliche Charakter des Kletterns ist Schuld daran, daß, vom Kletteranfänger bis hin zum Top-Kletterer, ein immer wichtigerer Faktor den Endzweck des Kletterns bestimmt: der Wunsch, Fortschritte zu machen. Technische und körperliche Fortschritte, Erhöhen der Muskelkraft, der Widerstandskraft, Geschmeidigmachen der Gelenke: eine Menge lobenswerter Absichten. Über kurz oder lang jedoch wesentlich weniger interessante Resultate stellen sich ein, wenn Sie eine Sehne, einen Muskel oder ein Gelenk bis zum Schmerz beanspruchen, aus großer Höhe oder mehrfach in unbequemer Stellung stürzen oder die Zehen in Schuhen quälen, die Sie gerade eine Viertelstunde anhaben können. Deshalb haben wir einige grundlegende Fragen an einen Spezialisten gestellt: an Thierry Ducrot, Heilgymnast und Mitglied des medizinischen Ausschusses des französischen Kletterverbandes.

Verletzungen beim Klettern

– Kann man heute, nach zehn Jahren freien Kletterns, sagen, daß es besondere, mit der Ausübung dieses Sports zusammenhängende Verletzungen gibt?
– Es gibt sogar sehr viele: Verletzungen der Gelenke, Muskeln, Sehnen und der Haut. Zum Verständnis ihrer Vorbeugung und eventuell ihrer Behandlung ist ein kurzer anatomischer Abriß nötig.

Die Finger

Hier gibt es häufige und ernstzunehmende Probleme, die zu einer Behinderung oder gar zum Unterbrechen des Kletterns für einige Wochen führen können.

- Haut:
Verschleiß an den Fingerkuppen, Schnitte, Verbrennungen.

- Gelenke:
sehr häufiges Verrenken der Fingergelenke.

- Sehnen:
Schmerzen beim Abtasten und Zusammenziehen der gestreckten und gebeugten Sehnen in den Beugemuskeln, Knötchen.

- Empfindungsfähigkeit:
Verlust der Empfindungsfähigkeit, meist lokal.

Der Ellenbogen

Extrem empfindlich bei Sehnenproblemen.

- Bizeps, Trizeps, Oberarm-Ellen-Gelenk, Oberarm-Speichen-Gelenk.

Die Schulter

Selten betroffen.

Muskelschmerzen an den oberen Gliedmaßen

Gliederschmerzen nach Anstrengungen, Krämpfe, Dehnungen, Risse.

Die Wirbelsäule

- kurzfristig: Gliederschmerzen und Muskelzerrungen
- langfristig: ein Kletterer muß sich darüber klar sein, daß er Gefahr läuft, in einigen Jahren Rückenschmerzen (Arthrose) zu bekommen; die Gründe dafür:
  – Ausdehnung der Halswirbel
  – Beanspruchung der Rücken- und Lendenwirbel durch wiederholte Sprünge und Stürze, vor allem am Block
  – Gelenkschwierigkeiten bei der Wirbeldrehung.

Der Fuß

Außer den klassischen Verletzungen der unteren Gliedmaßen (Brüche, Verrenkungen), die nicht kletterspezifisch sind, können vor allem am Fuß langfristige Schäden auftreten. Die Deformationen, die durch das Tragen von zu engen Schuhen über mehrere Jahre entstehen, können äußerst schmerzhaft sein und in einigen Fällen einen orthopädischen Eingriff erfordern (Krallen- oder Hammerzehen). Kurzfristig behindern vor allem Hühneraugen, Schwielen und eingewachsene Nägel den Kletterer. Sie können durch Pediküre behoben werden.

– Das ist eine eindrucksvolle Liste. Wie kann es zu der einen oder anderen Verletzung kommen?

– Meistens verletzt sich der Kletterer zwar beim Klettern, es passiert aber auch nicht selten, daß er sich beim Training verletzt.

Unfälle beim Training

Beim Muskeltraining zu Hause kann der wiederholende und extreme Charakter einer Übung in einem sehr kurzen Zeitraum ein Problem darstellen. Z. B. das Hängen mit Lasten in gleichmäßigem Rhythmus bei Nichtbeachtung der langen Ruhezeiten an der Leiste unter 1,5 cm spielt den Sehnen sehr übel mit und ist gefährlich. Das dynamische Muskeltraining (Serie von Zügen) kann auch übel für die Finger- und Ellenbogensehnen sein. Das Muskeltraining darf niemals die Schmerzgrenze erreichen, es muß an der Ermüdungsgrenze aufhören. Bei Lockerungsübungen muß man sich unbedingt gut aufwärmen. Daran führt nun mal kein Weg vorbei! Einen kalten Muskel strecken heißt ihn verletzen. Die Lockerungsübungen müssen gestaffelt sein und unter der Schmerzgrenze bleiben.

Unfälle beim Klettern

Haut: Schnittverletzungen: scharfe Lochränder; Ausreißen der Fingerkuppen, wenn die Hornhautschicht sich von der lebenden Hautschicht löst.
Gelenke: Sehr häufiges Verrenken der Fingergelenke, vor allem zwischen dem ersten und zweiten Fingerglied. Sie entstehen durch Drehung in Löchern (Zwei-Finger-Löcher) oder durch Einklemmen in Risse und sind selten auf Anhieb schmerzhaft.
Sehnen- oder Sehnenscheidenentzündungen: hauptsächliche Ursachen:

- ein Mangel an Widerstandskraft führt zu Ermüdung, die auf zu intensive Praktik folgt;
- zu kurzes oder für die gewünschte Anstrengung unpassendes Aufwärmen;
- Ungleichgewicht in Ernährung oder Wasserhaushalt;

- versteckte Infektion (z. B. Karies).

Schmerz beim Beugen: Die Innenseite des ersten Fingergliedes kann auf die seitliche Oberfläche und schließlich auf die Außenseite des ersten Fingergelenks strahlen. Da ist der äußere Beugemuskel betroffen.

Schmerz beim Strecken: Innenseite des ersten Fingergliedes. Da ist der innere Beugemuskel betroffen. Diese Schmerzen können sich in den Handflächen und auf den Sehnen des Unterarmes fortsetzen.

Probleme mit der Empfindungsfähigkeit

Sie rühren meist von einem Druck oder Quetschen eines Nervenendes auf den Rand eines Haltepunktes her. Meistens ist die Empfindungsfähigkeit nach einigen Stunden wieder hergestellt.

Knötchen

Großes Fragezeichen. Einige glauben, sie würden durch eine Folge von sehr kleinen Verletzungen an Sehnen und Gelenken verursacht. Oft rühren sie von einem Überbein her. Meistens befinden sie sich auf der Höhe der Gelenke; manche sind schmerzhaft, andere nicht.

Der Ellenbogen

Sehnenschmerzen sind die Folge von dynamischen Übungen, die am Stück gemacht wurden.

Muskelprobleme der oberen Gliedmaßen

- Muskelrisse: heftige Anstrengung nach zu kurzem Aufwärmen.
- Große Zerschlagenheit: folgt auf heftige Anstrengung über mehrere Stunden bei schlechtem Wasserhaushalt.

Rückgrat

Bei Unfallursachen im Bereich des Rückgrats muß man zwischen Klettern an der Felswand und Klettern am Block unterscheiden. Bei beiden Formen gehören zwar Krämpfe und kleine Wirbelsäulenunregelmäßigkeiten zum Klettererlos. Aber auf längere Sicht sind wesentlichere Konflikte zu befürchten, vor allem beim Klettern am Block, denn da können Sprünge oder Stürze extrem häufig vorkommen. Nach einer Übungsstunde haben wir übrigens oft das Bedürfnis, uns zu strecken, als wenn wir das Gefühl hätten, die Wirbelsäule sei zusammengedrückt.

Füße

Dafür ist der Schuh allein verantwortlich.

– Wenn die Herkunft bekannt ist, kann einem dieser Probleme dann vorgebeugt werden?

– Ja, die Formel »Vorbeugen ist besser als heilen« gilt besonders hier. Dazu ist eine Sache sehr wichtig: sich genau kennen und die Fähigkeiten richtig dosieren können. Das Vorbeugen beginnt beim Training: es muß an die eigene Persönlichkeit angepaßt werden können. Fragen Sie ruhig einen Sportlehrer um Rat, die Kletterwelt ist voll davon. Das Vorbeugen hat auch einen psychologischen Aspekt: Sie können Ihre Kletterzeit verwalten, sich für ein Ziel motivieren, und zwar körperlich und geistig, und sich so gut wie möglich darauf vorbereiten. Ganz allgemein ist aber das Trinken von 1½ Liter Wasser pro Tag, vor allem an Klettertagen, eine Grundlage, die manche Unannehmlichkeit vermeiden läßt.

Vorbeugen bei den Fingern

Das beste Vorbeugen mit der höchsten Sicherheitsgarantie ist das Aufwärmen.

● Machen Sie vor dem Klettern mindestens eine halbe Stunde (z. B. im Auto oder beim Gang zum Kletterort) langsame und umfangreiche Beuge- und Streckbewegungen mit den Fingern und Handgelenken. Machen Sie auch Fingerbewegungen wie beim Klavierspielen.

● Wärmen Sie sich gut auf, indem Sie mehrere Routen oder Blöcke erklettern, deren Niveau weit unter Ihrem Höchstniveau liegt, mit wachsender Muskelanstrengung. Wenn die Ermüdung spürbar wird und Ihre Unterarme dick werden, gönnen Sie sich eine Ruhepause von einer halben Stunde, bevor Sie sich Ihrem nächsten Ziel zuwenden.

● Für das Aufwärmen am Balken muß das gleiche Aufwärmschema befolgt werden.

● Wenn Ihre Finger sich müde anfühlen oder wenn Sie nach einer Pause nach einer Sehnenverletzung wieder zu klettern anfangen, ist es beim Klettern wichtig, die Fingerglieder mit einem Pflaster zu umwickeln.

● Schmerzen am äußeren Beugemuskel (Bild 1)

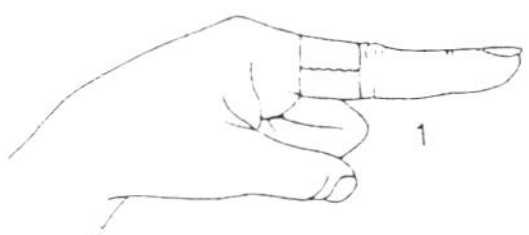

● Schmerzen am inneren Beugemuskel (Bild 2). Das Pflaster muß so fest sitzen, daß Sie den Finger nicht ganz knicken können.

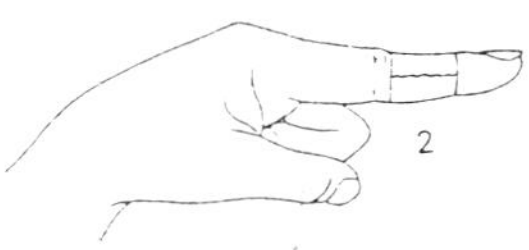

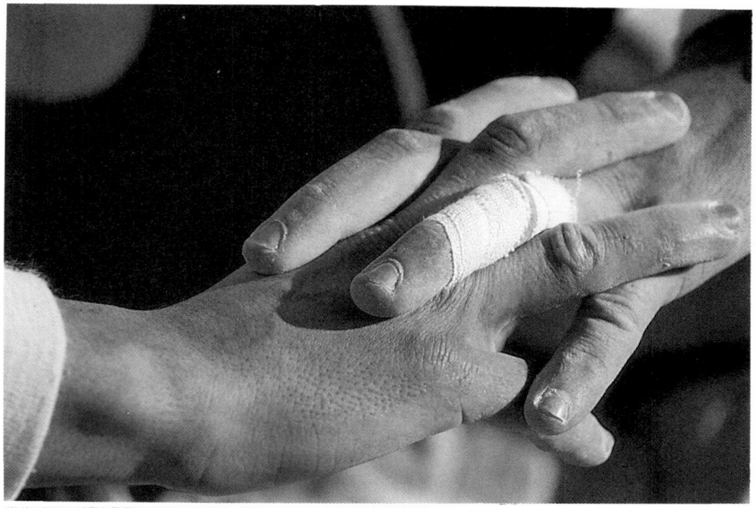

Oben: Die Finger scheinen am meisten beansprucht und am zerbrechlichsten zu sein. Wie können Probleme vermieden werden?
Mitte: Sie werden mit inneren Problemen (Gelenke, Sehnen) oder Hautproblemen (Abnutzung der Fingerkuppen, Schnitte...) zu tun haben.
Unten: In Rissen kann der Schutz durch Pflaster stören: Schnitte sind dann häufig.

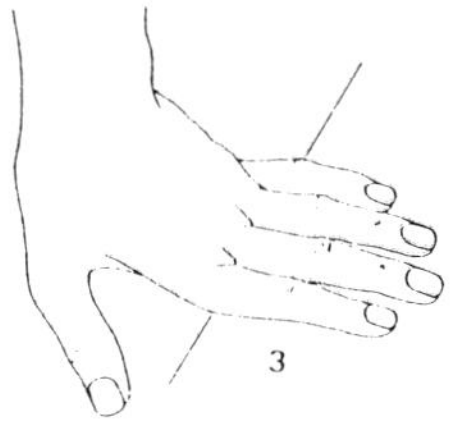

3

Sehr wichtig

Am Ende jeder Klettertour ist es unbedingt nötig, alle Fingerbeugemuskeln zu lokkern, von der Vorderseite des Unterarmes bis zum letzten Fingerglied auf der Innenseite der Hand. All diese Beugemuskel müssen nach und nach gestreckt werden (Zeichnung 3).

Vorbeugen von Hautverletzungen

Die Haut der Finger und vor allem der Fingerkuppen muß aus zwei Gründen Feuchtigkeit zugeführt bekommen und geschmeidig gemacht werden:

- Lebende Haut hat eine weit höhere Elastizität als abgestorbene Haut (Hornhaut an den Fingerkuppen).
- Lebende Haut besitzt im Gegensatz zu abgestorbener Haut ein intaktes Empfindungsvermögen, wodurch das Gefühl für Haltepunkte stark verbessert wird. Deshalb:
- Entfernen Sie die Hornhaut an den Fingerkuppen mit einer Feile.
- Cremen Sie die Hände mit Feuchtigkeitscreme ein, z. B. mit »Neutrogena«.

Vorbeugen von Muskelproblemen an den oberen Gliedmaßen und der Wirbelsäule

Außer dem Aufwärmen, das immer die Hauptrolle beim Vorbeugen spielt, können noch zwei grundlegende Dinge größeren Gliederschmerzen vorbeugen. Feuchtigkeitszuführung: trinken Sie vor, während und nach der Anstrengung enorm viel, in kleinen Mengen und so oft wie möglich. Sie müssen die Klettertouren richtig dosieren können und, wenn möglich, sich ein Programm aufstellen, das das allmähliche Steigern der Kletterzeiten ermöglicht.

Vorbeugen von Verletzungen der Wirbelsäule: An der Felswand

Lernen Sie dynamische Sicherung, profitieren Sie soviel wie möglich von der Elastitzität des Seils und der Dynamik beim Fallen, so daß der fallende Kletterer nicht brutal gestoppt wird, und vermeiden Sie so Wirbelsäulenverletzungen.

Am Block

Vermeiden Sie Sprünge, steigen Sie über eine leichte Route hinab, kommen Sie behutsam am Boden auf. Nutzen Sie so oft wie möglich die Hilfestellung eines Freundes, der Ihren Fall auffängt und eine Orientierung Ihrer Ankunft am Boden ermöglicht und dabei gefährliche Hindernisse ausschaltet (Block, Wurzel).

Vorbeugen beim Fuß

Machen Sie die Zehen geschmeidig, gehen Sie zu Hause barfuß, recken und bewegen Sie die Zehen, um ein Zusammenziehen der Zehenbeugemuskel zu vermeiden.

Gibt es für alle diese Verletzungen Behandlungen?

– Wir wollen vor allem betonen, daß bei einem schweren Unfall ein Arzt aufgesucht werden muß, am besten ein Sportarzt. Sie können sich auch an andere kompetente Leute wenden. Ihre Namen erfahren Sie (in Frankreich) aus der Fachpresse oder durch einen Anruf beim französischen Kletterverband, medizinischer Ausschuß. Der aufgesuchte Arzt kann eine genaue Diagnose stellen und eventuell Medikamente oder krankengymnastische Übungen verschreiben.

Behandlungen

An Hand und Fingern

Hautbeschwerden

- Schnitte und blaue Flecke: gründlich desinfizieren und soweit wie möglich an der Luft trocknen lassen.
- Tote Hautstücke abschneiden und die Wundränder vorsichtig feilen.
- Heilsalbe auftragen. Wenn es Sie beim Weiterklettern nicht stört, schützen Sie die neue Haut mit einem Pflaster.
- Verbrennungen (ärztlichen Rat einholen): desinfizieren Sie, schützen Sie die Wunde mit gefettetem Tüll während der zum Ablösen der Haut nötigen Zeit bis die Haut abgestorben ist. Folgen Sie dann dem gleichen Schema wie bei Schnitten.
- Verrenken der Fingergelenke: Die Schmerzen sind besonders hartnäckig und sprechen auf Behandlung nicht an, weil sie beim Klettern zunächst nicht stören und deshalb viele Kletterer ihre Aktivitäten nicht konsequent unterbrechen.
  Anzeichen: Schmerz bei Druck auf die Seiten des Gelenks.
  Behandlung (auf ärztliche Anordnung): Ultraschall, Laser, Magnetotherapie. Diese Gelenkschmerzen sind im allgemeinen verbunden mit einer Verringerung des Fingerbeugevermögens. Wenn Sie den Mut haben aufzuhören, nehmen Sie das Klettern erst wieder auf, wenn der Schmerz weg und die Gelenkausdehnung wieder normal ist. Diese Verrenkungen können oft wiederkommen.
- Knötchen: Die Diagnose ist sehr wichtig, um zu wissen, ob das Knötchen durch eine Sehnenscheide oder etwas anderes verursacht wurde. Wenn nicht eine Sehnenscheide (sackartige Geschwulst) die Ursache ist, sondern eine Entzündung, ist es mir schon vorgekommen, daß das Knötchen durch regelmäßiges Massieren und Ultraschallbehandlung verschwunden ist. (Jeder neue Hinweis zu diesem Thema ist mir hochwillkommen!).
- Sehnenverletzungen: Anzeichen: Schmerzen auf der Innenseite des ersten und zweiten Fingergliedes, die auf die Seiten der Fingerglieder strahlen können und sogar auf die Außenseite des Gelenks zwischen den ersten beiden Fingergliedern. Treten diese drei Zeichen auf, zeigen sie die Schwere einer Sehnenscheidenentzündung an.
  Behandlung: Hören Sie sofort mit dem Klettern auf, bis die Schmerzen sowohl beim Ruhen als auch beim Spannen weg sind. Die Unterbrechung dauert oft mindestens drei Wochen. Alle diejenigen, die davor zurückschrecken, mögen bitte folgende Überlegung berücksichtigen: Besser nach einem Monat mit voller Kraft klettern, als 6 Monate lang mit halber Kraft.
  Lassen Sie die Finger niemals unbeweglich werden!
- Tägliche Übung: *a) Eismassage* (10–15 Minuten): reiben Sie die Sehne quer über die ganze Schmerzzone mit einem Eiswürfel ab. Reiben Sie sehr fest. Die querverlaufende, tiefgehende Massage muß schmerzhaft sein, um zu wirken. Achten Sie darauf, nicht immer dieselbe Stelle zu massieren, um Verbrennungen zu vermeiden. Am Ende der Massage ist die behandelte Gegend unempfindlich, das ist normal. *b) Finger aufwärmen* (10–15 Minuten): massieren Sie den Finger mit oder ohne Creme, am besten nehmen Sie eine neutrale Creme oder ein therapeutisches Produkt auf pflanzlicher

Basis. Oder wärmen Sie mit einem warmen Bad auf. Profitieren Sie von dieser Phase, um den Finger ordentlich zu bewegen. Wenn der Finger gut aufgewärmt ist, d. h. wärmer als die anderen Finger der Hand, massieren Sie ihn fünf Minuten mit einer entzündungshemmenden Salbe oder legen eine Kompresse auf, die mit Percutalgine aus der Ampulle getränkt ist. Zusätzlich zu dieser Behandlung können auf jeden Fall zehn Ultraschall-, Ionisierungs- oder sogar Laserbehandlungen den Heilungsprozeß beschleunigen. Wenn der Schmerz weg und der Beuge-Streck-Umfang fast normal ist, können Sie mit gewissen Sicherheitsvorkehrungen wieder klettern:

- obligatorisches Pflaster an den beiden ersten Fingergliedern
- langes, sich steigerndes Aufwärmen
- vor dem Klettern Beuge-Streck-Bewegungen mit Tennisball
- am Felsen normales, aber vorsichtiges Aufwärmen
- nach jeder Tour, und das bei den ersten zehn, Massage und Bewegung des Fingers.

Ellenbogen

Die Diagnose muß so genau wie möglich sein.

- Handelt es sich um Probleme mit den Sehnen, was meistens der Fall ist, können Sie diesem Schema folgen: hören Sie mit dem Klettern auf, bis der Schmerz weg ist. Dann, wenn der Arzt es befürwortet, klettern Sie on sight. Medizinische Technik: z. B. Mesotherapie oder Heilgymnastik. Die querverlaufende, tiefgehende Massage kann bei Sehnenentzündungen im Bizeps oder Trizeps sehr gute Resultate bringen. Sie kann ergänzt werden durch eine Physiotherapie mit Ionisierung und Ultraschall.
- Bei eher unklaren Schmerzen kann Magnetotherapie (Anlegen der Magnete mindestens zwei Wochen) helfen, wenn dabei strikte Ruhe eingehalten wird.

Schulter

Bei Problemen mit Sehnen der Schulter gilt das gleiche Schema wie beim Ellenbogen, lassen Sie sich von einem Heilgymnasten pflegen.

Probleme mit der Muskulatur der oberen Gliedmaßen

Neben den Gliederschmerzen, einer normalen Erscheinung bei allen Sportlern, die harmlos sind und nicht zu dauernder Behinderung führen, weil sie von selbst wieder verschwinden (umso schneller, wenn der Betroffene für regelmäßige Flüssigkeitszufuhr sorgt), gibt es zwei Hauptformen von Problemen mit der Muskulatur, die den Kletterer beim Klettern stören können:

- Krämpfe: schmerzhaftes Verhärten der Muskelfaserbündel ohne Verletzung der Faser
- Dehnungen und Risse: diese führen zu Verletzungen verschiedener Muskelfasern.

– *Krämpfe:* massieren Sie langsam, ausdauernd und tief den Krampf und den gesamten Muskel (ca. 20 Minuten lang). Der Schmerz muß in einigen Tagen verschwunden sein.
– *Dehnungen und Risse:* sie sind viel schmerzhafter als Krämpfe, ihre Behandlung muß sehr ernst genommen werden. Massieren Sie mit Eis, ohne zu drücken, die gesamte schmerzende Muskeloberfläche. Wärmen Sie mit einer entzündungshemmenden Salbe auf. Eventuell kann Ionisierung bei einem Heilgymnasten Hilfe bringen.

Vorsicht:

Die Wiederaufnahme des Kletterns muß schrittweise erfolgen. Bereiten Sie sich folgendermaßen darauf vor:

- z. B. für den Bizeps: beanspruchen Sie den Muskel mit einem Gewicht von 5–10 kg und bewegen Sie dabei immer wieder die Arme, aber langsam. Halten Sie das gleiche Gewicht statisch in verschiedenen Winkelstellungen. Die Übung muß 15 Minuten dauern und mehrere Tage lang wiederholt werden
- für die Wirbelsäule
- für Krämpfe: genauso massieren wie vorhin.

Sehr wichtig:

Nach einem Klettertag, ganz besonders nach einem Tag am Block, haben wir immer das Bedürfnis, uns zu strecken. Die meisten von Ihnen hängen sich dann an einen Ast oder einen Barren, und da werden die Schultern gedehnt und nicht die Wirbelsäule. Wir stellen hier eine kleine, leichte Übung vor, die Ihnen ermöglicht, die Wirbelsäule effizient und aktiv zu strecken und somit auf längere oder kürzere Sicht Wirbelsäulenbeschwerden zu vermeiden, die zu echten Behinderungen führen können. Die Übung kann im Sitzen, Stehen oder Liegen gemacht werden. Der Rücken kann gegen eine Mauer gestützt werden oder auch nicht.

Anleitung (z. B. für die stehende Position)

Die Ausgangsposition ist die natürliche Position (siehe Zeichnung). Die Augen sind geradeaus gerichtet, der Kopf ist gerade, weder gebeugt, noch gestreckt, die Schultern entspannt. Stellen Sie sich beim Einatmen vor, Sie wollten einen Gegenstand, der oben auf Ihrem Kopf liegt, in die Höhe stoßen. Sie müssen eine Dehnung Ihrer Wirbelsäule verspüren. Der Kopf muß gerade, die Schultern entspannt bleiben. Wenn Sie eine maximale Dehnung erreicht haben, atmen Sie aus und versuchen dabei, diese Position zu bewahren und die anderen Körperteile, vor allem die Schultern, so weit wie möglich zu dehnen. Sie bleiben in dieser Position, atmen nochmal ein und versuchen dabei, zunächst den Bauch mit Luft zu füllen. Dann atmen Sie aus und entspannen die Wirbelsäule, indem Sie in die Ausgangsstellung zurückkehren. Machen Sie die Übung mehrmals. Wenn die Rückenmuskeln ordentlich aufgewärmt sind, lohnt es sich auch, sich mit Beugen, Drehungen und Seitenbeugen zu lockern.

– Der Wettkampf spielt eine immer größere Rolle beim Klettern. Glauben Sie, daß eine medizinische Überwachung für die Kletterer gut wäre?

– Ja, und das unabhängig von ihrem Niveau. Mit demselben Recht wie eine globale und eine besondere, der Praktik angepaßte Vorbereitung kann eine medizinische Überwachung zusammen mit paramedizinischen Techniken dem Kletterer sehr viel nutzen, was seine Form und sein Vertrauen angeht. Ich denke vor allem an die Heilgymnastik, die dem verletzten Kletterer dabei hilft, sich zu pflegen. Ich denke, in einem sportlicherem Rahmen, aber auch an (Muskel-)Erholungstechniken wie durch Massage usw. Die Anwesenheit von Heilgymnasten beim Wettkampf von Troubat ist übrigens von allen geschätzt worden. Ich hoffe, daß dies erst der Anfang war.

Schluß

»Welche Zukunft hat das Klettern?« Dieser Satz erschien zuerst im »L'Année Montagne 86« (etwa: Bergsteigerjahrbuch) unter dem Titel »Dessine-moi un 8b« (etwa: Entwirf mir einen 8b). Mein Ehrgeiz bestand damals darin, dem Begriff der Schwierigkeiten beim Klettern, seiner Veranschaulichung durch die Schwierigkeitsbewertungen und seiner möglichen Wirkung auf die Öffentlichkeit, d. h. natürlich auf sämtliche Medien, nachzugehen. Es schien mir sinnvoll, diesen Satz in die Schlußbemerkung dieses Buches zu nehmen, weil er wie eine Synthese ist und weil er mir auf der Grundlage der Klettermotivation relativ anschaulich erschien: das Klettern um des Kletterns willen. Immer zahlreicher, immer motivierter, immer konzentrierter, immer besser, immer professioneller: die Kletterer der heutigen Zeit, der Zeit des freien Kletterns, dehnen die Grenzen der Schwierigkeiten immer weiter aus, die Grenzen der Möglichkeit, die Strecke zu erklettern, die vom Felsen, der noch der Meister ist in dieser explosiven Welt, vorgezeichnet sind. Aber wie kann man diese Schwierigkeiten schätzen? Und vor allem, wie kann man anderen beibringen, sie zu schätzen? Die dafür erfundenen Ziffern sind nämlich nur ein Werkzeug zur Kommunikation mit den anderen und seinem eigenen Niveau gegenüber. Man hat behutsam, ruhig angefangen, und natürlich willkürlich und rationell. Der I, der II wurde geschaffen, bis hin zum VI, gemäß den Fähigkeiten und dem Niveau. Verwirrung. Denn dann führte die Weiterentwicklung der Leistung zu einem Rücklauf der Bewertung. Sicherlich eine Jugendsünde, eine falsche Einstellung... So wurde die Skala »geöffnet«, sozusagen nach oben, aber auch nach unten. Die Bewertung trug nun der inneren Schwierigkeit der Route Rechnung. Utopie... Aber wir leben ja heute in einer Welt der Utopie, des Ehrgeizes, warum nicht auch in diesem Bereich? Utopie, Mythos, diese beiden gehören zusammen und treffen sich bei der Schwierigkeitsbewertung. Nach dem 7a, 7b, 7c, 8a schließlich der 8b, jeder neu erreichte Grad wurde zum Mythos. Klar, denn er vermischte tatsächlich innere und maximale Schwierigkeit und war noch beladen mit dem Makel oder der Notwendigkeit, die gleichzeitig das Erbe einer archaischen und absurden Definition und die Unmöglichkeit einer wirklich rationellen Quantifizierung beinhalten. So wurde der

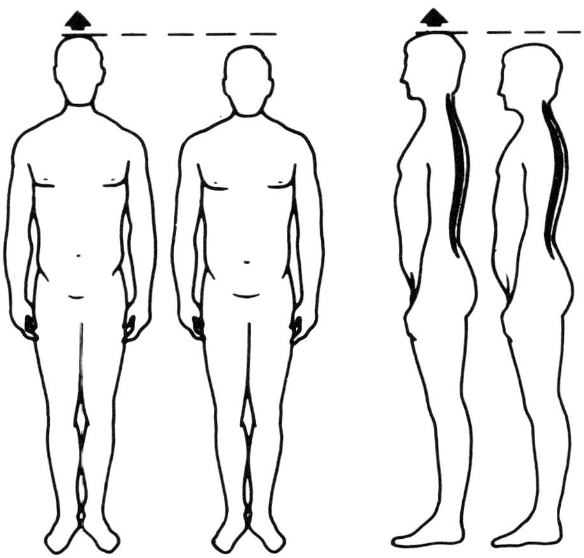

8b in dem Moment zum Mythos, als er Wirklichkeit wurde. Kann man also einen 8b entwerfen? Nein, das maße ich mir nicht an. Ich begnüge mich mit dem Versuch, mein eigenes Bild vom 8b zu entwerfen. Was macht die Schwierigkeit einer Route aus? Gibt es darauf eine Antwort? Jedenfalls nicht zur Zeit. Es gibt nur eine ganze Reihe von Faktoren, die vom Fels zufällig zusammengemischt wurden und die die Schwierigkeit einer Route veranschaulichen. Am offensichtlichsten erscheinen mir die Qualität der Haltepunkte, ihre Entfernung, die Schroffheit der Route und natürlich die Anzahl der Bewegungen zu sein. Wenn man gute Haltepunkte und viele Bewegungen vermengt, oder für kurze Routen gute, sehr weit auseinanderliegende Haltepunkte, oder auch sehr kleine Haltepunkte, dann hat man einen 8a gemacht. Für einen 8b reicht es, einmal mehr mit dem Löffel im Topf zu rühren und das Ganze noch besser zu mischen. Und da liegt das Problem: es fertigzubringen, den Löffel noch einmal weiterzudrehen ohne zu glauben, daß die Creme gerinnt, und sicher sein, daß sie immer noch schmackhaft ist. Der erste 8b, »Chouca«, ist eine Mischung aus sehr schwierigen Bewegungen, die durch einen besonders willkürlichen Verlauf hervorgehoben werden. Es wurde nämlich nur ein einziger Punkt hinzugefügt, eben dieser extrem schwierige Verlauf, ohne den es sich bestimmt nur um einen 8a/b oder sogar nur einen 8a handelte. Der zweite, »Les mains sales« (Die schmutzigen Hände), ist gewissermaßen nur eine Folge von zwei unterschiedlichen Routen: eine sehr zufällige 8a-Mauer und ein 7c/8a-Dach mit sehr dynamischen Bewegungen; und die beiden, die durch eine schwache Entspannungsstelle getrennt sind, stellen ein hochexplosives Cocktail dar, das einen durch das aufgezwungene psychologische Engagement fürchten läßt. Mit dem »Fluide enchanté« (Zauberwasser), »La rose et le vampire« (Rose und Vampir),

Der Bereich des »bout du monde« (Ende der Welt) in Buoux, Lieblingsgelände für den 8. Grad.

»Simulacres« (Trugbilder) sind sich die 8b sehr ähnlich geworden. Sie wurden zu Folgen von besonders harten Bewegungen, ohne Halt, wo die Ausdauer nicht für eine bestimmte Bewegung eine Rolle spielte, sondern für alle allgemein, und vor allem für die Bewegung, die genau nach der kam, die man gerade gemacht hatte. Und so weiter, ganz einfach. Aber, und das werden Sie schon ahnen, diese Einfachheit sieht nur so aus. Denn für den 8b, wie natürlich auch für alle anderen Niveaus, ist die Schwierigkeit nicht nur ein körperliches Problem. Je näher man seiner Top-Form ist, umso allgegenwärtiger

Oben: Künstliche Kletterstrukturen, vielversprechende Zukunft für Einführung, Training und Wettkampf.
Unten: »Rêve d'un papillon« (Traum eines Schmetterlings) in Buoux, der erste 8a, 1983 eröffnet, eine Aufwärmroute für 1990.

sind die psychologischen Probleme und umso schwieriger sind die Begriffe Mißerfolg und Erfolg anzugehen. Man gerät in psychologische Blockierungen, die oft die schnelle, oder die Durchführung als solche gefährden. Und die Zukunft wird unbedingt einen Fortschritt im psychischen Bereich mit sich bringen, sei es beim 8c, 9a oder bei Wettkämpfen. Aber macht nicht gerade das die Schönheit und Attraktivität des Kletterns aus? Das Klettern als vollkommene Aktivität beinhaltet auch Investition, die in den Büchern Leidenschaft genannt wird. Aber warum sprechen wir von Leidenschaft, Sport oder Lebensart? Das Klettern kann nicht definiert werden, versuchen wir es also gar nicht erst. Und wenn ich auch sicher bin, daß das Vergnügen, das es bringt, nicht zu definieren ist, so möchte ich es doch mit anderen teilen. Das Reden vom 8b wird also nur zu einer Entschuldigung, einem Mißbrauch eines sozialen Phänomens, genannt Leistung, Heldentat oder Mythos, egal... Oben an einer Route angekommen, am letzten Punkt einen Karabiner anbringen, es geschafft haben. Dieses ungeheure und intensive Vergnügen ist für alle gleich in genau dem Moment des Endergebnisses ihres Engagements. Danach tauchen andere Faktoren auf, andere Freuden, die dem 8b eignen, als höhere Schwierigkeit. Und dieser die Stille zerreißende Schrei, dieser brutale Konzentrationsstop sind dann die Beschwörung dieses Willens, der im Innersten angesammelt wurde, so wie sie die brutale Äußerung des Vergnügens sind. Vom 8b reden heißt also, vom persönlichen Ergebnis des Kletterers, wie ich einer bin, zu reden. Aber etwas später nimmt dieses Ergebnis die Gestalt einer Zwischenstufe an und unsere Gier nach Fortschritt setzt sich durch. Und der 8b ist nur noch ein Mythos für die anderen, während der 8c zum Ziel meines Fortschrittes wird. Morgen wird irgendjemand einen 8c für Sie skizzieren, indem er nochmals mit seinem Löffel im Topf rührt. Und ich hoffe, dann in der Creme keinen zu bitteren Geschmack zu finden und sie noch genießen zu können.

Marc Le Menestrel

Technische Angaben

Der Herausgeber dankt den Firmen Béal (Seile), Scarpa (Schuhe), Technifree (Hosen, Anseilgurte), E. R. E. (Klettermauern, künstliche Haltepunkte), der Redaktion der Zeitschrift »Vertical« und Eric Daufès und Brigitte Huard von Fnac Sport für ihre direkte oder indirekte Mitwirkung an diesem Werk.

Seile

Zwei Seilarten werden beim freien Klettern benutzt:

- A-Doppel-Seil: Durchmesser kleiner oder gleich 9 mm für Abstieg am Zwillingsseil

- A-Einfach-Seil: Durchmesser größer als 10 mm Anfänger und mehr oder weniger sichere Kletterer sollten A-Einfach-Seile von 45–50 m Länge benutzen.

- Das A-Einfach-Edlinger-Seil mit 10,5 mm von Béal ist besonders zu empfehlen. Es ist leicht und eignet sich für schwierige Klettertouren, bei denen wiederholte Stürze zu befürchten sind.

- Das beste A-Doppel-Seil für Abstiege am Zwillingsseil ist Freestyle, marktführend in seiner Kategorie dank seines sehr guten Verhältnisses von Widerstandsfähigkeit zu Gewicht.

- Starke Kletterer benutzen alle Seile von 50–55 m, die meisten nehmen das Seil »Falaise« von Béal mit variablem Durchmesser (10,5 mm an den Enden und 9,5 mm in der Mitte des Seils), das Leichtigkeit und gute Handhabung ermöglicht. Marc Le Menestrel benutzt dieses Seil.

Société Béal
7, rue Albert-Camus
38202 Vienne
Telefon 74530414

Schuhe

Die Firma Scarpa (Italien) schlägt zwei hochleistungsfähige Modelle vor, den Roc Star mit hohem Schaft und den Pro Star mit niedrigem Schaft. Diese Spitzenmodelle der Klettertechnik vereinen Präzision, Haftreibung, Komfort und Leichtigkeit in sich, so daß eine Vielseitigkeit gegeben ist, die alle Kletterer und Kletterarten zufriedenstellen können. Vertrieb durch:
Lowe France
BP n° 4
26210 Saint-Sorlin
Telefon 75316076

Hosen und Anseilgurte

Die Anseilgurte von Technifree haben eine ganz neue Konzeption und bieten einzigartigen Komfort und Ästhetik. Da sie nur an den Oberschenkeln festgemacht werden, mindern sie die Gefahr von Rückenverletzungen wesentlich. Diese neue Firma bietet auch eine Bekleidungskollektion an, die speziell für das Klettern konzipiert wurde.
Technifree
6. place Jules-Mercier
74200 Thonon-les-Bains
Telefon 50702059

Klettermauern

Sie haben sicher schon mal Klettermauern von 200 m², individuelle Trainingsbalken und perfekt immitierte künstliche Haltepunkte gesehen. Eine Firma stellt alle diese möglichen und vorstellbaren Dinge her:
E. R. E.
(Etudes et Réalisations en Escalade)
7, rue Neuve
69001 Lyon
Telefon 78288350

Ohne Risiko ins Abenteuer

John Barry / Nigel Shepherd
Felsklettern
Der sichere Weg zum Erfolg – Profi-Tips für Technik, Ausrüstung und Spezialtraining
128 Seiten, 70 Fotos, über 100 Zeichnungen, broschiert,
29,– Bestell-Nr. 50111

Nichts Neues am Berg? Von wegen: Klettern, und besonders Freiklettern ist in, immer mehr entdecken diese ungewöhnliche Sportart für sich. John Barry und Nigel Sheperd sind weithin bekannte Klettertrainer, sie haben dieses Grundlagenwerk für die Reihe »Sport extrem« geschaffen. Behutsam und verständnisvoll machen sie hier mit einem Sport vertraut, der von seinen Anhängern schon fast mit religiöser Begeisterung zelebriert wird. Daß niemand vor Begeisterung ganz den Boden unter den Füßen verliert, dafür sorgen die beiden Autoren in ihrem glänzend aufgebauten und reich illustrierten Handbuch für Freikletter-Künstler.

John Barry / Roger Mears
Kletterschule
Das praktische Bergsteiger-Handbuch
192 Seiten, 300 Fotos und Zeichnungen, meist in Farbe, gebunden,
49,– Bestell-Nr. 50097

Das Handbuch für die Praxis umfaßt die richtige Ausrüstung, Orientierung und Übernachtung im Gebirge; hilft Bergwanderern, den sicheren Geh-Rhythmus zu finden; erklärt Seile und Knoten, Sicherungs- und Abseiltechniken beim Felsklettern. Außerdem vermitteln die Autoren das Know-how beim Klettern in Schnee und Eis und behandeln schließlich den Hochgebirgs-Alpinismus, von der Expeditionsplanung bis hin zur Höhenphysiologie. Klassische Routen werden anhand prachtvoller Fotos und detaillierter Karten beschrieben – ein hervorragendes Werk, das jeden Bergfreund begeistert.

Harald Kruse
Erste Hilfe unterwegs
Ein wertvoller Ratgeber für Urlauber, Bergwanderer, Abenteurer usw., um in Notfällen die wichtigsten Sofortmaßnahmen selbst zu ergreifen. Auch medizinische Laien können so unterwegs kritische Situationen meistern.
248 Seiten, 48 Abbildungen, broschiert,
29,80 Bestell-Nr. 50115

Volker Lapp
Wie helfe ich mir draußen
Aufgebaut nach dem Prinzip »Man nehme...« werden in diesem praktischen Touren- und Expeditionsratgeber im Taschenformat für alle Notsituationen entsprechende Hilfen geboten – das perfekte Survival-System!
196 Seiten, 104 Abbildungen, flex. Einband,
19,80 Bestell-Nr. 50070

Wolfgang Uhl
Die heitere Seite des Überlebens: Survival-Satire
Lachend leichter überleben: Augenzwinkernd betrachtet der bekannte Abenteurer-Journalist die Auswüchse der Survival-Szene – frei nach dem Motto: »Wer nicht über sich selbst lachen kann, hat überhaupt nichts mehr zu lachen« – ein köstlicher Geschenk-Band!
256 Seiten, 89 Cartoons, gebunden,
39,– Bestell-Nr. 50030

Änderungen vorbehalten

Der Verlag für Abenteuer pietsch
Postfach 10 37 43 · 7000 Stuttgart 10